W9-BGA-533

TOUR

旅行加拿大一本就g够

主　　编：金　利
副 主 编：何　静　李岩岩
文字编委：陈　娜　张继龙　黄　娜　梅晓艳　黄　姗
　　　　　孙鹏涛　蒋志华　杨云云　李素素　高楠楠
　　　　　谭若辰　沈　辉　周自珍　杨　洁　任姣可
　　　　　张丽芬　谷彩云

图书在版编目（CIP）数据

加拿大旅行，一本就够：中文、英文 / 金利主编. —
大连：大连理工大学出版社，2012.5
ISBN 978-7-5611-6863-9

Ⅰ.①加… Ⅱ.①金… Ⅲ.①旅游指南—加拿大—
汉、英 Ⅳ.①K971.19

中国版本图书馆CIP数据核字(2012)第065287号

大连理工大学出版社出版

地址：大连市软件园路80号　邮政编码：116023
发行：0411-84708842　邮购：0411-84703636　传真：0411-84701466
E-mail:dutp@dutp.cn　URL:http://www.dutp.cn
大连金华光彩色印刷有限公司印刷　大连理工大学出版社发行

幅面尺寸：168mm×235mm	印张：20	字数：427千字
附件：MP3光盘1张		印数：1~6000
2012年5月第1版		2012年5月第1次印刷

责任编辑：李欣　　　　　　　　　　　　　　　　责任校对：张洁
封面设计：嘉美和

ISBN 978-7-5611-6863-9　　　　　　　　　　　　定价：39.80元

前言
PREFACE

　　出国旅游前，为了确保旅途玩得尽兴，必不可少的一项任务就是做足功课找攻略，对所要去的国家、城市有一定的了解，还要制订好自己的旅游计划。例如去加拿大不可不去的城市有哪些，每个城市有什么值得一览的景点，坐什么车合适，住什么酒店比较实惠，有什么特色的小吃，有哪些注意事项等等。

　　此外，出国旅游还会面临语言不通，或是出国了却不敢show出自己在本国所学的英语，亦或是出国后才发现虽然有些很简单的场景会话其实早就会了，但是临到用时不知道该怎么开口说，如购买纪念品时却不知道该如何跟店家砍价，在酒店需要客房服务时却不知如何描述……

　　针对这些状况，编者特意将**出游指南**和**旅游必会口语**合二为一，让读者只需携带一本书就能出游无忧，充分享受旅途的乐趣，即便偶遇各种突发状况也能从容应对。

 这是一本在加拿大吃喝玩乐的旅行指南。

　　在这本书中，详细介绍了加拿大各大城市的旅游景点、行车路线、特色小吃，以及购物、出行、住宿攻略；并配有实景图片，让你人未到而事先知，加拿大吃穿住行尽在掌握。在附录中，我们特别加上了我国驻加拿大各使领馆联系方式，让你遇到麻烦时不会求助无门。一书在手，加拿大走透透，轻松做个超级大玩家。

❷ 这是一本旅游英语学习手册。

本书包罗旅游常用的情境对话，从机场通关、交通询问、饭店住宿、消费购物到突发状况，从容应对。旅游临时需要的那些话通通都有，从此游遍天下畅行无阻！

❸ 这是一本适用于不同人群的英语口语书。

本书每个场景下，都有场景救命句。如果你不懂英语，可以按照每句英文下的中文谐音来交流，以解燃眉之急。不过中文谐音只是应急之举，有些可能读起来不是很顺畅，建议大家平时边听MP3音频边跟读，这样效果会更好一些。如果你懂点儿英语，想跟老外侃大山，你可以多看一些拓展句。本书口语部分所有句子、对话和单词都由外籍专家录音，只要多听多读多练，你的口语一定会溜到不行！

❹ 这是一本让你出国旅游更加便利的小常识书。

本书中收集了加拿大各大景点的票价、营业时间以及乘车路线等实用知识，甚至连购物的血拼路线都为您准备好了，为您省去了诸多旅途麻烦。一书在手，旅途无阻！

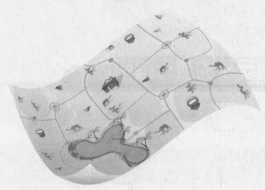

编者

2012. 4

目 录
CONTENTS

1 自助游
小手册
PART

CHAPTER 1

走进加拿大

CHAPTER 2

出行准备

Canada

PART 1

自助游小手册

走进
加拿大

Chapter

1

加拿大综述

加拿大的国土面积仅次于俄罗斯，在世界上是面积排行第二的国家。虽然国土面积比我国要大，但是人口却只有我国的1/40。加上发达的经济、丰富的资源，加拿大成为很多人向往的移民国家之一，也是旅游者最向往的胜地之一。

From public domain

≫ 地理位置

　　加拿大位于北美洲北部。东临大西洋，西濒太平洋，西北部邻美国阿拉斯加州，南部与美国接壤，北靠北冰洋达北极圈。海岸线长约24万多公里，是世界上海岸线最长的国家。东部气温稍低，南部气温适中，西部气候温和湿润，北部为寒带苔原气候。中西部最高气温达40℃以上，北部最低气温低至−60℃。

≫ 区域分布

　　加拿大可以分为五大地理区。分别是东部大西洋区、中部区、草原区、西海岸地区和北部区。东部区以渔业、农业、森林、采矿业等为主；中部的安大略省(Ontario)和魁北克省(Quebec)是人口最密集的地区；草原区包括曼尼托巴省(Manitoba)、萨斯喀彻温省(Saskatchewan)和亚伯达省(Alberta)。西海岸区的不列颠哥伦比亚省(British Columbia)

是著名的山区和森林区。北部区盛产石油、天然气、金、铅和锌。

≫ 自然风貌

　　加拿大湖泊众多。如果在夏天飞过曼尼托巴(Manitoba)或北安大略(Ontario)，你将看到大片大片的水域，大大小小的湖泊不计其数。据估测，加拿大拥有全世界1/7的淡水。加拿大的森林覆盖面积占全国总面积的44%，仅次于俄罗斯，居世界第二位。

　　加拿大独特的地形和气候造就了无数奇观美景，数不尽的湖泊、纵横交错的大小河流、星罗棋布的岛屿一起构成了加拿大鬼斧神工、各具魅力的自然景观。

From bigfoto.com

▶▶ 基本资料

◎ **首都**：渥太华(Ottawa)，地处安大略省。

◎ **宗教**：罗马天主教、新教。

◎ **货币**：加拿大元。

◎ **语言**：英语、法语均为官方语言。

◎ **时差**：比北京时间晚13个小时。

◎ **面积**：9984670平方公里，居世界第二位。

◎ **国庆日**：7月1日(1867年)。

◎ **国旗**：旗面自左至右由红白红色组成，两边的红色 竖
长方形代表太平洋和大西洋，白色正方形象征加拿大的广阔 国土。中央
绘有一片11个角的红色枫树叶。枫树是加拿大的国树，也是加拿大民族
的象征。

◎ **区划**：加拿大分成10个省和3个地区。省拥有从联邦政府中获得的相当大
的自治权，而特区则比较少。每个省和地区都有一个单院议会。

▶▶ 消费指数

一般消费

住宿费：普通旅馆住宿1天（双人房，2人合住平均每人的费用为30加元）

早餐：在速食店用早餐 5加元

午餐：吃中餐或墨西哥菜 8加元

晚餐：比萨 15加元

冰淇淋：3加元

在超市买啤酒：2加元

纪念T恤：10加元

咖啡和多纳圈：2加元

较高消费

住宿费：高级旅馆住宿1天（双人房，2人合住平均每人的费用为175加元）

早餐：在旅馆用早餐 20加元

午餐：在餐馆用餐 30加元

晚餐：在港湾中心的观景餐厅吃海鲜 50加元

观赏音乐活动或运动比赛：约100加元

2 加拿大的地理气候

　　加拿大气候多样、四季分明。3月中旬至6月下旬为春季，6月下旬至9月中旬为夏季，9月中旬至12月下旬为秋季，12月下旬至来年3月中旬为冬季。多数地区的气候类似中国东北地区。

　　加拿大南部的春天基本始于3月，4、5月份已是鲜花盛开。但在西海岸的温哥华(Vancouver)和维多利亚(Victoria)春季的到来要早两个月左右，是加拿大冬天最短的地区。按官方的划定，夏天开始于6月21日，但对大多数加拿大人而言，7、8月才被认为是夏天。在加拿大南部气温一般都在20℃左右，有时会超过30℃。

　　在加拿大民间，第一个霜冻夜晚被认为是秋天的开始，通常是9月中旬。9月下旬到10月，树木开始落叶，秋天有时也多雨，除西南部海岸地区外，大

By Dave Reid

部分地区一般都在11月开始下雪。温哥华和维多利亚一年只有12月和1月有几天气温在零度以下，其他地区12月至来年3月中旬一般被冰雪覆盖。

加拿大可以分为6个气候区，各有不同的气候特征：

◎　北极地区是育空地区和西北地区的大部分，是加拿大最冷的地区。

◎　北方地区，由草原省份的北部以及安大略省、魁北克省和大西洋沿岸省份的大部分组成。特点是冬长夏短，降雨量适中。

◎　草原地区冬季的寒冷期约为5个月，夏季也有5个月，降雨大部分在夏季。

◎　山脉地区，气候多变，风雪天气极多，气温随地势增高而下降。

◎　太平洋沿岸地区气候宜人，温哥华就位于此。

◎　东南部地区包括安大略省和魁北克省的东南部，新斯科舍省，纽芬兰—拉布拉多省的东部，新不伦瑞克省和爱德华王子岛。该部分地区气候温和，最宜居住，因此也成为加拿大人口最密集的地区。

加拿大的风土人情

3

"枫情"加拿大

　　加拿大遍地枫树，秋季则是漫天红叶，沿着圣劳伦斯河(St. Lawrence)，从魁北克(Quebec)到尼亚加拉(Niagara)的几百公里，是领略加拿大"枫情"的黄金路线。经历了秋季的烂漫"枫情"，在来年春天冰雪融化之时，又是枫糖收获的季节。多伦多(Toronto)、金斯顿(Kinston)、渥太华(Ottawa)、蒙特利尔(Montreal)等大城市，都有热闹的庆祝活动。

　　枫树为加拿大国树，枫叶是加拿大民族的象征，加拿大有"枫叶之邦"的美誉。枫糖(maple syrup)是加拿大特产之一，在机场免税店、超市及一些食品商店里都可以买到，一

By daryl mitchell

By sonictk

般3加元左右一包。每年的春季也就是3月中旬到4月初是熬制枫液糖浆的季节，各地的"枫叶节"也在这个时候开始，有的可持续到6月。

爱斯基摩人

　　"爱斯基摩(Eskimos)"一词是由印第安人首先叫起来的，即"吃生肉的

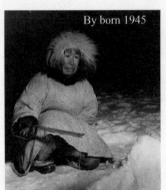

By born 1945

人"。不过，加拿大的爱斯基摩人都称自己为"因纽特人(Inuit)"，在爱斯基摩语中即"真正的人"之意。

爱斯基摩人多住在北极圈内的格陵兰岛(丹麦)、加拿大的北冰洋沿岸和美国的阿拉斯加州。他们黄皮肤、黑头发，类似于蒙古人种。近年来的基因研究发现，他们更接近西藏人。在加拿大西北边界有18000名因纽特人(爱斯基摩人)，6000人居住在魁北克(Quebec)的北部，大约3500人生活在纽芬兰—拉布拉多(Newfoundland and Labrador)地区。

>>> 文化礼仪

仪态礼仪：加拿大人在社交场合介绍朋友时，手的姿势是胳膊往外微伸，手掌向上，不会用手指指人。加拿大人喜欢比画"V"字形或"OK"手势，在加拿大人眼中，在公共场合盯着别人看是很不礼貌的行为。

餐饮礼仪：加拿大人爱吃烤制食品，尤其喜欢烤牛排和嫩牛排。他们习惯在餐后喝咖啡和吃水果。与多数西方人一样，加拿大人偏爱甜食，喜欢白兰地、香槟酒等，忌食虾酱、鱼露、腐乳以及怪味、腥味的食物和动物内脏。加拿大人忌讳进餐时当众用牙签剔牙，以及把自己的餐具摆到他人的位置上。

服饰礼仪：在教堂，男性着深色西装、打领结，女士则穿样式庄重的衣裙。在参加婚礼时，男子或穿着西装，或穿着便装，穿便装时不打领带；女性不宜穿太过鲜艳的服装，更不宜穿白色或米色系服装，因为这是新娘专属的颜色。

贴小士 tips

加拿大的各项法定年龄：

驾车：16岁

吸烟：18岁

选举权：18岁

喝酒精类饮料：19岁

>>> 民俗节庆

加拿大独立日(国庆日)Canadian Independence Day (National Day)

加拿大国庆日又叫"加拿大日"，为每年的7月1日。1867年7月1日，由安大略省、魁北克省、新斯科舍省和新不伦瑞克省共同组成了加拿大联邦，并在1879年将此日定为节日。

From official site

郁金香节(Canadian Tulip Festival)

"渥太华郁金香节"始于1953年，1995年升格为"加拿大郁金香节"，它如今已是世界规模最大的郁金香盛会，每年吸引全球数十万游客。从2007年起，组委会邀请各国驻加使团和各族裔社区参与，以展示各国和各民族的风俗文化，同时决定不再收门票。

加拿大阵亡将士纪念日(Remembrance Day in Canada)

"阵亡将士纪念日"也叫"停战日"，主要是英联邦国家为纪念在一战、二战和其他战争中捐躯的烈士而设立的，该节日为每年11月11日。

维多利亚日(Victoria Day)

5月24日前的最后一个星期一，是纪念维多利亚女皇诞辰的节日，这是一个公众假日。像我们的农历节气一样，园丁通常会拿这一周的周末作为基准日，开始种植西红柿。

感恩节(Thanksgiving Day)

感恩节为公众假期，在加拿大是在10月的第二个星期一，而在美国是11月的第三个星期四。一般的习俗有烤火鸡、烤番薯和烤番瓜派。

枫糖节(Maple Syrup Festival)

枫糖节在3月底至4月初。枫糖节是加拿大传统的民间节日，每年3月春天来临，生产枫糖的农场就开始热闹起来，节日里当地居民还会邀请游客们参与民间歌舞表演。

By Vince Alongi

出行准备

Chapter

2

如何办理签证

加拿大驻中华人民共和国大使馆/领事馆官方授权的签证中心为加拿大签证申请中心，该中心受理所有种类的临时居民签证申请(包括工作许可签证、学习许可签证)和永久居民返加旅行证件申请，收取签证申请费用，返还申请人的护照。

加拿大签证申请中心只提供签证申请的后勤服务；中心工作人员不参与签证审理过程，也不对具体签证结果负责；签证的批准和拒绝均由加拿大大使馆单独决定。

▶▶ 签证准备

目前，加拿大公民身份和移民部只接受新版的临时居民访问签证、学生签证及工作签证申请表格。新版表格可到如下地址下载：http://www.vfs-canada.com.cn/chinese/

 申请人与随行家庭成员共同申请时，每位申请人须完整填写并签署各自表格，18周岁以下的申请人填写的表格需由其父母或监护人签名。

▶▶ 资料列表

旅游临时居民签证清单：

1. 填写完整的"临时居民访问签证申请表"。每位申请人及每名随行子女均需一份单独的申请表格。
2. 申请人及每位年满18周岁及以上的随行家庭成员完整填写"家庭信息表"，需使用中英文或中法文填写。
3. 申请人及每位年满18周岁及以上的随行家庭成员完整填写"教育和就业

细节表"，需使用中英文或中法文填写。

4. 申请人及每位随行的家庭成员每人需递交两张相同的在最近6个月内拍摄的彩色或黑白照片，背景为纯白色或浅色。相片外框大小为35毫米×45毫米。每张照片后以拼音注明此人的姓名及出生日期(日/月/年)。

5. 申请人及每位随行的家庭成员的有效护照。每本护照须包含除最后一页外的至少一整页空白页，并且护照必须在行程前至少6个月有效。

6. 两份用中文写有申请人现住址的黏性贴纸(无需信封)。

7. 以现金支付申请受理费。受理费不予退还。

8. 如有第三方人士帮助你准备此次申请，请填写代理人信息表。

9. 18岁以下的申请人需有其未随行父/母出具的同意其旅行的父母同意函，此函应包含申请人旅行日期及其父母联系方式等信息。

10. 如果在职，使用印有公司抬头信笺的由雇主签字的准假信原件，并包含以下信息：
    - 申请人的姓名、职位、收入和起聘日期；
    - 用中文注明的雇主全称和地址，以及电话和传真号码。

11. 如果退休，需有一份申请人养老金的退休证明。

12. 若申请人为学生且于非学校假期期间旅行，需有一份学校出具的确认其在读及良好表现并同意其缺勤的信函原件。

13. 详细的旅行行程安排。

14. 显示过去若干月中财政历史的银行文件原件(如存款证明、存折等)。

15. 在中国的资产证明(如房产证原件、车辆登记证原件等)。

16. 所有过往旅行的证明(如已用护照等)。

17. 协助申请人安排此次行程的所有中介的全称和地址(无论在中国或加拿大，如适用)。

>> **签证费用**

加拿大签证申请中心收取申请递送费人民币250元/人，快递服务费用50元另收(可选)。

旅游签证申请受理费为335元/人。

加拿大签证申请中心目前只接受人民币现金付款。

附加服务费用：为方便申请人，加拿大签证申请中心也提供如下附加服务(另收费)：

复印　1元

照相　35元

快递　50元

翻译　75元

（复杂翻译件每页：人民币110元）

快递服务申请人可以在签证申请中心选择签证结果快递返还的服务，申请人需要在递交申请材料的同时，要求申请此项服务并支付快递费用50元人民币。

注意：签证结果快递返还服务的费用必须与签证申请费用同时支付。

>> 申请地址

申请人可以向中国境内任何签证申请中心提出签证申请。所有的申请人可以在北京、上海、广州和重庆递交申请。

加拿大签证申请中心位于：

北京

东城区新中西里13号巨石大厦西区7层，邮编：100027

热线电话：010-51909817

上海

徐家汇路555号2楼，广东发展银行大厦，邮编：200023

热线电话：021-63901830, 021-63901221

广州

天河区体育西路189号城建大厦3楼351室，邮编：510620

热线电话：020-38898475, 020-38898476

重庆

渝中区青年路77号J.W万豪酒店国贸中心3楼3U-6，邮编：400010

热线电话：023-63721388

工作时间(递交申请/领取护照/电话咨询)：

周一至周五，上午08:00~下午03:00

>>> **受理时间**

　　临时居留签证(含个人访问、学生许可、工作许可、旅行证件)自申请之日起首次得到回复需要10个工作日。

>>> **安排面试**

　　领馆有5%的可能性被抽查面试，加拿大签证申请中心按使馆要求为需要面试的申请人预约面试时间。申请人可以直接来申请中心或者拨打中心热线电话进行预约。

北京

电子邮件：infopek.cacn@vfshelpline.com
电话: 010-51909817

上海

电子邮件：infosha.cacn@vfshelpline.com
电话: 021-63901830, 021-63901221

广州

电子邮件：infocan.cacn@vfshelpline.com
电话: 020-38898475, 020-38898476

重庆

电子邮件：infopek.cacn@vfshelpline.com
电话: 023-63721388

赴加必备用品清单

证件

护照、身份证、证件复印件及2寸照片2张(证件丢失时方便补办)，不满16周岁无身份证的游客如在国内转机，需带户口本。

> 如果你是学生，国际学生身份证(International Student Identity Card，简称ISIC，www.isiccard.com)会让你受益匪浅，这张证件能使你享受到旅行保险、博物馆和其他景点门票的优惠与折扣。
>
> 国际青年旅行证(International Youth Travel Card，简称IYTC)适用于26岁以下的非学生人士。
>
> 国际教师身份证(International Teacher Identity Card，简称ITIC)适用于全职教育者。

着装

1. 加拿大南方和北方、西部和东部气候差异较大，若计划多省旅游，应携带适合不同气候的衣物，方便根据不同地区的气温变化添减衣物。夏季可穿短袖，并预备薄外套，避免因早晚、室内外温差较大而着凉。冬季温度较低，建议穿羽绒服。
2. 部分教堂、高级餐厅和剧院要求着正装出席，可根据具体行程携带相应衣物。
3. 旅游时鞋应以轻便合脚、适宜行走为宜，尽量不要穿新鞋、高跟鞋。

个人日常用品

洗漱用品、护肤品、拖鞋、太阳帽、太阳镜、防晒霜、伞或雨衣、笔、纸、水壶等。

加拿大酒店不提供一次性的毛巾、洗漱用品和拖鞋，需自行携带。

▶▶ 现金及银行卡

1. 加拿大不流通人民币，可在出国前将人民币兑换为加元，当然也可在当地货币兑换处进行兑换。
2. 中国海关规定每人最多可携带人民币20000元或折合5000美金的等值外币的现金，所以在国内兑换时需注意，兑换的现金不要超标。
3. 在加拿大购物，大商店多可刷银联卡、万事达卡（MasterCard）、维萨卡（Visa），为避免出关时候携带过多现金，可将钱存到卡中。

加拿大广泛使用信用卡，如：万事达(MasterCard)、维萨(Visa)和美国运通(American Express)，在电话租车、订房或订票时会普遍使用，因此，去加拿大旅游，一张国际通行的信用卡是必备物品。需要注意的是，有些银行会收取"服务费"，使用前可先向银行确认。

▶▶ 电子电器

1. 相机、摄像机、手机（如果您希望旅途中能继续使用国内手机卡，出发前请确认已开通国际漫游服务）、电池、充电器、存储卡等。
2. 加拿大的电压和插座与中国不同，为电压110V、美式三孔插座，中国电器插头不能直接使用，建议出行前在国内大型超市、网上电子商城买好美标插头转换器。

▶▶ 药品

1. 出门旅行应带好常用药品，如感冒药、消炎药、肠胃药、止痛药及创可贴、风油精、晕车药等。
2. 如患有高血压、心脏病、哮喘等特殊病症，务必根据自身情况带足药品。带处方药入境，需要确认药品有明确的认证。药品必须带有原始的标签及使用说明和开药的处方。如果不能，应携带处方的复印件或医生的证明。

>> **违禁物品**

军火、弹药、烟火，肉制品、奶制品，动物、植物及植物制品，新鲜的水果、蔬菜等，以及其他一些食品及药品。

加拿大已经签署国际限制销售、贸易、运输濒临灭绝的动物、鸟类、爬虫类、鱼类、昆虫、植物的协议，该协议也包括这些物品的皮、毛、羽毛、骨制品。因此，这些物品也是受限的。

肉、奶制品及水果、蔬菜，加拿大对上述物品有多种多样的限制，应尽量避免携带入境。

礼品，可以为亲属和朋友免税携带不超过60加元的礼品。但是，酒精制品、烟草制品及广告品不能作为礼品申报。超额部分也要支付关税。

3 入境注意事项

>> **入境须知**

入境加拿大不需要填写入境表，但必须填写海关申报卡。办理入境手续时，移民官会问一些简单的问题，如从何处来、访加目的、在加亲属等情况。移民官将在护照上盖章，并告诉你可在加停留多久。

你的回答应该让移民官相信，此次入境仅是旅游观光，不会长期滞留。如你提供的情况不真实或含糊不清，会让移民官怀疑你有移民倾向，可能会因此拒绝你入境。

特殊情况下，移民官会要求你交一些保证金，以促使你在加临时居住期间遵守有关规定。如你遵守有关规定，离境时，所交保证金将退还。

短期访加人员不得在加打工或留学。如确需改变身份或延长签证，必须在签证过期前3周内向移民部门提出申请。

>> **中国海关出入境及机场安检规定：**

1. 海关规定每人最多可携带人民币20000元或折合5000美金的等值外币，

超出部分需要向海关书面申报，请尽量不要超过规定，超出部分可能会面临征税、罚款或没收。

2. 携带单价超过5000元的摄像机、相机、镜头等贵重物品需在托运行李前向海关申报。

3. 旅客携带液态物品规定：

(1)乘坐从中国境内机场始发的国际、地区航班的旅客，其随身携带的液态物品每件容积不得超过100毫升。盛放液态物品的容器，应置于最大容积不超过1L的、可重新封口的透明塑料袋中。每名旅客每次仅允许携带一个透明塑料袋，超出部分应交运。婴儿随行的旅客携带液态乳制品，糖尿病或其他疾病患者携带必需的液态药品(凭医生处方或证明)，经安全检查确认无疑后，可适量携带。

(2)若先在国内转机，需遵守国内航班对液体物品的规定。国内航班规定旅客一律禁止随身携带液态物品，但可携带少量旅行自用的化妆品，每种化妆品限带一件，其容器容积不得超过100毫升，并应置于独立袋内，接受开瓶检查。有婴儿随行的旅客，购票时可向航空公司申请，由航空公司在机上免费提供液态乳制品。糖尿病患者或其他患者携带必需的液态物品(凭医生处方或证明)，经安全检查确认无疑后，交由机组保管。

4. 若打算在加拿大购买商品携带入境，请事先查看海关相关规定，以免入境时海关禁止带入或收税。其中烟酒类，海关规定年满16周岁每人限带12度以上酒精饮料2瓶(1.5升以下)，香烟400支或雪茄100支或烟丝500克。

4　赴加旅游其他注意事项

医疗条件

加拿大永久居民享受免费医疗，但短期赴加访问者需自己承担医疗费用，其价格极其昂贵，住院费就要达到1000多加元/日，所以，在加旅行时请一定注意办妥医疗保险。

➤➤ 交通注意事项

加拿大交通发达，在加旅行者可利用的主要交通工具是飞机、火车和长途汽车。目前温哥华有直飞北京和上海的航班，从多伦多也可乘加航直飞北京。一般情况下，寒暑假前后订座较满，票价上浮。秋天的枫叶和冬季的冰雪运动是非常吸引人的旅游项目，是旅游高峰期。

加拿大交通规则实行靠右行驶，高速公路限速100公里/小时。如果自己驾车一定要遵守交通规则。如无特别指示，遇红灯可右转，但魁北克省(如蒙特利尔市等)禁止汽车遇红灯右拐弯。无驾驶执照不得开车，否则将受到包括监禁在内的重罚甚至没收车辆。

➤➤ 时差

加拿大横跨6个时区，临海的不列颠哥伦比亚省和东部的纽芬兰岛之间有4个半小时的时差(到拉布拉多是4个小时)。向东加1小时(纽芬兰岛为30分钟)，向西相反，减1小时，越省境移动时需注意。

加拿大4~10月采用夏时制，夏时制实施期限通常从4月第一个星期日到10月最后一个星期日，但有时因年度不同而有变化。加拿大境内仅有萨斯喀彻温一省还未实施夏时制。

➤➤ 通讯

中国的手机在加拿大可以漫游，适用GSM 900单频、GSM 900/1800双频或GSM 900/1800/1900三频手机。如果没有这样的手机，可以在电器商店里买一个预付话费手机，省去签约和账单的麻烦，也不需要身份证，但每分钟通话的话费较高。

加拿大的电话使用方法与其他国家一样，从旅馆房间也可以打电话，不过通话费用较高，还需要支付手续费。很多公共场所都设有公用电话，可以使用电话卡或信用卡。

国内拨加拿大座机：001+区号(省去首位的0)+电话号码；国内拨加拿大手机：001+手机号码。

预付话费的电话卡面值分别为5加元、10加元和20加元，在药店、超市和便利店均能买到。要留意电话卡是否有暗含的收费项目，如激活费、电话连接费等。

>> **邮寄明信片、信件**

从加拿大邮寄航空邮件到中国需一周左右，海运则需要一两个月。邮寄小包裹，2kg以内的小包航空约为35.55加元，海运约为13.55加元。邮寄时先在邮局索取海关传票或海关申报书，填好后一同交付。

寄往美国以外的地区，明信片、信件30g以内的邮资为1.49加元。加拿大全国邮政网点有7000多个，很多就设在药店和购物中心里，普通的杂货店或书店都可以买到邮票。

>> **网络**

加拿大各地的公共图书馆一般都会提供限时免费上网服务，大多数城市都有网吧，一些咖啡店或酒店也提供无线上网服务。

>> **电源**

加拿大和美国一样，电压是110V，加拿大的三孔插头上面一个为圆的，下面两个为平行的扁的，一般我们的三孔插头使用时要加转换头，如您的电子设备不支持110V则还要加变压器。两孔的插座是扁的，如果你的电器是两孔，又写着110~240V，可直接用，否则要加变压器。

>> **加拿大货币**

法定的流通货币是加拿大元(C$)。加拿大的货币系统与美国相似，也是以元和分计。1加元(C$)=100分(¢)，加拿大有5、10、20、50和100元面值的纸币；1、5、10、25分的硬币和1、2加元的硬币同时发行。

1分硬币，俗称Penny，图案为枫叶。

5分硬币，俗称Nickel，
图案为加拿大的国宝动物河狸。

10分硬币俗称Dime，
图案为国际志愿者年。

25分硬币俗称Quarter，
图案为驯鹿。

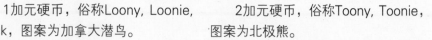

贴
小 士
tips

25分硬币在加拿大最实
用、最常见，打一次公用电
话用1个Quarter。

1加元硬币，俗称Loony, Loonie,
Buck，图案为加拿大潜鸟。

2加元硬币，俗称Toony, Toonie，
图案为北极熊。

纸币有不同的颜色和设计，最常见的是蓝色的5元、紫色的10元、绿色的
20元、红色的50元和棕色的100元。也可能见到虽已不再发行但仍可使用的老
式的红色2元纸币，当然，碰到这种纸币作为收藏也不错。

小贴士 tips

1. 换汇时，注意比较汇率和手续费。某些大城市的外币兑换处也许能提供比银行更优惠的条件，并优于多数机场、火车站和旅游办公室的柜台。另外，大城市和美加边境附近的商业机构都接受美元，但用加元找零。

2. 中国银联于2009年1月在加拿大境内开通了POS机刷卡的业务，初期开通的商户主要集中在多伦多地区，包括餐饮、购物及免税店等；选择银联网络消费，和其他银行卡网络相比，免收1%~2%不等的货币转换费，银联将消费的当地货币金额转换成人民币金额，银行按此扣减持卡人的人民币账户。详情可参考中国银联网站：http://cn.unionpay.com/abroadCard/index.html

行走
加拿大

Chapter

3

1 来往加拿大

❯❯ 航空

北京、上海等地都有直飞加拿大、温哥华或多伦多的航班，飞行时间约为10个小时。在加拿大国内，各大城市都有班机往来，还有很多通往小城镇的支线。加拿大幅员辽阔，如果路程很长，飞机是最佳选择。

想买到便宜的机票还是有一些窍门的：

提前订票(至少提前3周，夏季航班则更长些)；选择每周中段时间(周二至周四)出行；如果不介意起早贪黑，早、晚班机会更加便宜，如果乘坐过夜的周六航班，有些航空公司会提供更优惠的票价。

❯❯ 铁路

加拿大铁路网与美国东西海岸的铁路干线相连，共同构成北美铁路系统。其中，加拿大主要有两条横贯东西海岸的铁路动脉，并在其基础上延伸出众多支线，基本上覆盖了大部分加拿大领土。不过，对于游客而言，加拿大境内长途火车班次较少，火车更适合做短途观光使用。

From official site

>> **公路**

　　加拿大公路总里程达84万公里，几乎遍及全国各个角落。贯穿加拿大的高速公路网于1971年全线通车，全长7700公里，是全世界最长的国家高速公路。加拿大灰狗(Greyhound)巴士路线网遍及全国各地，因此，长途客车成为加拿大最经济、最普及的交通工具。

By Matt Seppings

>> **租车**

　　受益于加拿大四通八达的公路网络，自驾旅行也是一个不错的选择，可以用最为自由的方式享受加拿大风光——当然，前提是您有一个加拿大通行的驾驶执照。

交通规则：

◎　在加拿大，车辆靠右行驶。
◎　中国大陆不具备签发国际驾照的资格，持有中国内地驾照者可以把驾照翻译成英文版本，再到公证处公正，以申请国际驾照。
◎　在加拿大，前排、后排座位都必须系安全带。
◎　在加拿大大多数城市红灯右转是准许的，但在魁北克等某些特定的地区设有禁止右转的路标。

租车公司：

　　在机场和大多数城市有很多租车公司，如Budget租车公司、Discount租车公司、Hertz租车公司、National租车公司和Thrifty租车公司等。

贴
小士
tips

　　从加拿大入境美国，必须检查护照的有效期是否超过6个月，如有效期不够，应适时办理护照延期。

>> **加拿大巴士券**

加拿大巴士券(Canada Pass)是在有效期间内可以任意搭乘加拿大灰狗巴士的票券,如要购买此票券可在出国前向国内旅行社咨询。在加拿大首次搭乘巴士之前,需到巴士总站的售票处将在国内购买的兑换券换成周游券,在第一页写上姓名、住址、年龄等资料,并盖上有效期限的日期。除了加拿大巴士券,还可以使用国际美加周游券(International American Canada Pass),适用于加拿大、墨西哥部分灰狗巴士,打算周游美加的游客可以考虑。

有效期限:

加拿大巴士周游券按有效期分为7天、15天、30天和60天等4种票面,国际美加周游券为15天、30天和60天等3种票面,周游券分为15张联票。

加拿大巴士周游券价格:

7天　264加元
15天　404加元
30天　474加元
60天　634加元

国际美加巴士周游券价格:

15天　369加元
30天　479加元
60天　609加元

吃在加拿大

加拿大是个移民国家，并没有像中国菜或法国菜那样的传统菜系，但加拿大却汇聚了各个地区和国家的菜肴，为各方游客提供了足够多的选择。

加拿大人的饮食习惯接近美国，喜欢牛肉、鱼、蛋和蔬菜。加拿大人很喜欢吃肉，黄油、奶酪也是必不可少的，配菜则有土豆、胡萝卜等。对于蔬菜，加拿大人喜欢生吃，比如芹菜、菜花、洋葱、西红柿、黄瓜等。不过，加拿大人并不特别喜欢饮酒，就餐过程中多饮用矿泉水、果汁等软饮料。

提起加拿大饮食，不能错过的是枫糖。大部分超市和礼品店里都有各式包装的枫糖，很适合当做礼品送人。吃的方法则是抹在面包上或加进红茶里。

对于行色匆匆的旅客，加拿大也有很多快餐可以选择。一般花5加元~6加元便可吃饱，常见的有热狗、比萨、炸薯条、汉堡包、炸鸡以及中餐的盒饭等。像肯德基和麦当劳这类快餐连锁店随处可见。

≫ 推荐美食

三文鱼——加拿大首屈一指闻名全球的水产品就是三文鱼(salmon)，也叫鲑鱼，在特产商店及普通的超市都可买到，需要注意的是，冬季为淡季，较少会有新鲜的三文鱼。

枫糖浆(maple syrup)——枫糖是加拿大有名的特色食品，目前全世界70%的枫糖制品都集中在魁北克。枫糖浆于树龄40年以上的糖枫中采集，40升的枫树浆只能提炼出1升的枫糖浆，十分珍贵。

花旗参——加拿大的花旗

From official site

参也是一大特产，是主要生于加拿大东部和美国东北部地区硬木森林的人参品种。加拿大是目前北美洲最大的西洋参生产国，其品质和口味都是世界上最好的。

冰酒——冰酒是加拿大独有的特产，被誉为加拿大的国酒，属于葡萄酒中的极品，是馈赠亲朋好友的最佳选择。

By Brett L

在加拿大购买食品不用上税，但在餐馆用餐需付总价15%的省销售税和货物与服务税。小费一般控制在餐费的10%~15%之间，交费时可直接给服务员也可放在餐桌上。买了快餐可在公共场所食用，但注意不可饮用含酒精的饮料，因为加拿大的法律禁止公民在公共场所饮酒。

3　住在加拿大

在加拿大旅客住宿有多种选择，包括高中低端的各式酒店、汽车旅馆、家庭旅馆、青年旅馆，以及可以野营的猎场、农场或野外度假村等。

相比其他欧美国家，住宿在加拿大并不昂贵。有的旅馆，如汽车旅馆(Motels)中的双人房只要45加币；最便宜的莫过于露营或青年旅馆(Hostels)，最低仅需12加币。其他住宿选择还有B&B(Bed and Breakfast)、基督教青年学生会馆(YMCA/YWCA)等。

加拿大居民主要集中于一些特定城市，而在一些人烟稀少的省份，住宿并不发达，因此建议动身前先打听好住宿地点并进行预订。当然，在一些著名景点如班芙国家公园(The Banff National Park)，或主要旅游城市如温哥华、魁北克、蒙特利尔、多伦多等，由于游客较多，也需要事先预订房间。

在暑假等旅游旺季，一些加拿大青年旅馆可能客满，特别是在大城市及一些名胜地区，需要提前24小时预订房间，并以信用卡付款。也可以用网络或传真预约，过了7、8月份旅客变少后，找住宿的地方就会相对容易一些——需要注意的是，许多青年旅馆在冬天是不营业的。

1. 旅馆的预订时间一般只到晚上6点，有些地方甚至只到4点。所以，若是你无法在预订时间到达，千万记得要事先取消预订，否则旅馆将有权利在你信用卡上扣掉一夜的住宿费。

2. 旅馆里会有收费的电视节目，只要按下选定键，即开始收费，而不论收看的时间长短，全按一部影片计价。

3. 旅馆中除吸烟客房外，均不可以在室内吸烟。若有吸烟需要时，可到户外或指定区域。若需点餐或其他额外服务，一般需给服务生小费。

≫ 推荐住宿

宾馆：

加拿大各式各样、各种价位的宾馆众多，但在旅游旺季还是应该提早预订，大多数宾馆可接受信用卡。

如何付小费？

在酒店，行李搬运工的小费是每件行李1加元至2加元。出租车司机、美发师的小费通常是消费额的10%至15%。

小型家庭旅馆：

比较经济的选择是小型家庭旅馆或旅客之家，多数都位于观光客集中的地方，交通也很方便，比如在维多利亚、魁北克市、蒙特利尔及尼亚加拉、班芙等地，都有大量的家庭旅馆。这类旅馆房间的大小合适，环境也很舒适，有些还配有独立的卫生间和浴室。

青年旅馆：

青年旅馆可以提供基本食宿，优点是经济实惠，青年旅馆的大多数设施是公用的，房价一般以床位计。床位费用每日结算，一般比宾馆便宜。

From official site

基督教青年会馆(YMCA/YWCA)：

目前，基督教青年会正慢慢地退出加拿大旅馆的经营，虽然如此，还是有很多能提供良好住宿的会馆存在。但是，价格也在逐年攀升，一些装修较好的基督教青年会馆价格几乎和中档酒店一样高。

基督教青年会馆的特点是干净、安静，地点一般位于市中心且全年无休，交通便利，一般附有便宜的自助餐。单身男性平均收费是24加元~36加元，女性通常会贵一点儿。

大学宿舍：

加拿大许多大学在暑假时将空闲的宿舍出租，时间大约是5月~8月，所有旅客皆可承租学校宿舍，包括家庭或老人，很多学校对学生旅客则会给予特别折扣。早餐一般会包括在住宿费用里，若没有，会供应便宜的自助餐，旅客同时可使用其他的校园设施，如体育场、游泳池等。

购物加拿大

>> **购物中心**（Shopping Centre，Shopping Mall）

购物中心常常设在公共交通沿线，并设有停车场，方便顾客往来。

>> **超级市场**（Supermarket）

超级市场所卖货品与人们的生活息息相关，是包括本地居民和游客在内的所有人都经常光顾的地方。

许多大型百货商店除了分布于主要商业区，还会有独立分店。目前，欧美的很多商品都是由第三世界国家制造的，价格都比较便宜。加拿大还有一些主要服务于中低收入者的廉价商店，感兴趣的话，可以去逛一逛。

	营业时间
银行	周一至周五 10:00~17:00
	有些银行周六9:00~12:00
商店	周一至周六10:00~18:00
	周日12:00~17:00
	有些商店周四或周五会营业到20:00或21:00
超市	每日9:00~20:00
	有些超市24小时营业
餐馆	早餐8:00~11:00
	午餐11:30~14:30
	晚餐17:00~21:30
	有些餐馆周六和周日供应早午餐8:00~13:00
娱乐场所	酒吧17:00~2:00，
	俱乐部周三至周六21:00~2:00

⤳ 仓库式商店(Warehouse Store)

与超级市场供应类似商品的仓储市场，通常离市中心较远，但因为成本低，这里的商品价格相对较低，不过，这里的商品都是大包装。

1. 商店的营业时间一般为上午9:00~20:00。
2. 在商店购物一般不会讨价还价，但私人出售的商品例外。如果你在较正规的商店购物，一定要保存好收据，这样当你发现商品有令你不满意的地方时，可以凭收据要求退货或换货。

⤳ 退税

在加拿大，大多数的商品和服务要加收5%的联邦消费税(GST)。在纽芬兰—拉布拉多省(Newfoundland & Labrador)、新斯科舍省(Nova Scotia)和新不伦瑞克省(New Brunswick)，13%的联合销售税(HST)替代了省销售税(PST)和消费税(GST)。

非加拿大居民有权获得某些商品的消费税或联合销售税的消费退税，这只针对在加拿大境内购买并原封带出加拿大的商品。

游客如果想要退税，需保留购物发票，并填写游客退税单(Tax Refund Application for Visitors)。在海关、多数旅游信息中心、免税店、商场和某些酒店都备有退税单。

申请退税的申请人应具备以下条件：

◎ 非加拿大居民。

◎ 提供已由加拿大海关盖章认证的购物或住宿收据原件。收据复印件或信用卡签账单一概不予接受。

◎ 每单张收据购买金额(税前)，应超过加币50元。

◎ 所有申请收据总金额(税前)，应超过加币200元。

◎ 申请退税之连续住宿夜数，应不超过一个月。
◎ 如果提出申请退税，包含了一次以上的进出加拿大，应填写最早的一次进入日期，及最晚的一次离开日期，另外列表说明各次进出的详细日期。
◎ 提供机票或登机证原件，以证明进出加拿大日期。

不能退税的费用：

◎ 餐饮费用。
◎ 购买烟、酒的费用。
◎ 加油、交通运输等费用，如机票、火车、巴士或租车等。
◎ 干洗衣物、修鞋、修车、娱乐及停车等费用。
◎ 专业服务费用，如婚丧服务。
◎ 租用旅行车或其他休闲车辆的费用。
◎ 船舱或火车卧铺费用。

加拿大

经典景点全攻略

Chapter

4

逍遥之旅
——温哥华及周边

 西部天堂——温哥华(Vancouver)

位于加拿大西部太平洋沿岸的温哥华市(City of Vancouver)，是加拿大第三大城市及最大的港口城市，有加拿大"西部天堂"的美誉。温哥华拥有多元文化及很强的包容性，具有较深的华人文化底蕴，据统计，温哥华为加拿大华裔比例最高的城市，截至2003年，华裔人口达34万之多，占当地总人口的17％。

温哥华地区气候宜人，市区内更是鲜花遍地、四季如春，凭借其多达100多处的花园，被称为"花园城市"，并多次被联合国评为最适宜人类居住的城市。

海洋和群山环绕中的温哥华，有一望无际的金色海岸，柔软的沙滩和苍翠的绿地，使其得到各类旅行人士的青睐。温哥华还有着丰富的户外活动，如滑雪、出海航行、打高尔夫、

From official site

滑翔翼、攀岩、潜水、野餐、出海赏鲸、露营、海钓、空中弹跳等，可以让人一下子玩儿个痛快。温哥华和临近的滑雪胜地威斯勒市曾于2010年成功地举办过冬季奥运会。

▶▶ 气候特点

温哥华气候温和，全年都适宜旅游。冬季气温一般在0°C以上，夏季气温一般在20°C左右，对旅客来说，适宜穿轻便衣物。

春季——温哥华的春天来得很早，2、3月就可以看到处处鲜花盛开。衣着方面，可以准备轻便衣物及一两件毛衣。

夏季——温哥华的夏季气候依然凉爽，6~8月的日间温度一般在20°C左右。但是夜间会较凉，尤其是山区，应多带一件外套或毛衣。

秋季——温哥华的夏季可能会一直延续至10月，进入11月则有了秋季的迹象：空气转凉，树木开始落叶，正是欣赏美丽枫叶的季节！

冬季——温哥华冬季的气候依然比较温和，但天气比较潮湿，平均气温为0°C~5°C，需要带上雨衣及雨伞，最好还要有防水的鞋子。温哥华很难出现白雪皑皑的景象，当然，山上的滑雪场除外。

▶▶ 来往交通

航空

从中国多个城市可以去往温哥华，每周约有49班航班，从北京乘飞机到温哥华，需10.5小时航程，从上海需10.7小时，从香港需11.25小时。温哥华国际机场(Vancouver International Airport)位于市中心区(Downtown)的西南方15公里处(邻近列治文Richmond)。航线遍布全加拿大及美国各大城市，如卡加立(Dalgary)、爱德蒙顿(Edmonton)、多伦多(Toronto)等地，加拿大航空(Air Canada)设有很多航班。由多伦多飞往温哥华需4小时，卡加立飞往温哥华约1小时，渥太华飞往温哥华约4小时。

机场交通

出租车：

机场到市区建议搭出租车，相对便利，费用约20加元。从机场出来就可看见明确的图标，只要遵照指示就可以找到出租车招呼站，到市区20~30分钟。

机场大巴：

在温哥华机场2楼出口右侧的站牌处乘坐机场大巴，大巴可以到达市中心各大酒店、车站和渡轮码头，车程30~50分钟，车费单程10加元，往返17加元，65岁以上乘客单程8加元，往返16加元。

公交车：

在机场3楼左后方乘坐100路公交到达格兰威尔街与西70街十字路口，换

乘20路、8路等公车到达市区，车程约1小时，车费为2加元左右。

入境在2楼，出境在3楼，出境、入境楼层都有旅游服务中心，可获得最新交通、旅馆资料，如资讯杂志《Vistor's Choice》、《Where》或市区地图等，旅游服务中心也提供去往市中心的机场巴士咨询、出售车票等服务。

铁路

在温哥华乘坐火车需要到VIA Rail的太平洋中央车站(Pacific Central Station)，车站位于市中心东南角。在太平洋中央车站有列车前往国内其他地区及美国西雅图。火车站内设有巴士站，乘坐中央车站前梅恩街的3、8、19路公交车可到达市中心。

在太平洋中央车站内的服务中心可以免费领取公交车路线图。

市内交通

温哥华的公共交通主要由运输联网(TransLink)提供，是由巴士、海上巴士(SeaBus)、架空列车(SkyTrain)以及加拿大线(Canada Line)服务组成，覆盖温哥华地区近1,800平方公里的范围。

(By SoulRider 222)

架空列车(Sky Train)是全自动的轻轨服务，连接温哥华市中心与多个市郊城镇，包括本拿比(Burnaby)、新威斯敏斯特(New Westminster)、素里(Surry)及高贵林(Coquitlam)。

加拿大线(Canada Line)是将城市中心区与温哥华国际机场(YVR)连接起来的一种新的捷运列车，只需20多分钟即可由机场到达市区。

海上巴士(Sea Bus)的起点是市中心的海滨站(Waterfront Station)至北温哥

华(North Vancouver)的兰斯道码头。全部航程只需12分钟，中间可以欣赏巴拉德湾的美丽景色。

到格兰维尔岛(Granville Island)游览的旅客，可以在福溪(False Creek)乘坐海上巴士，沿着海岸观赏市中心的美景。

▶▶ 经典景点

盖斯镇(Gastown)

盖斯镇是温哥华最值得欣赏的景点之一，也是温哥华的诞生地。该小镇有一条主干道叫水街(Water St.)，虽名为"水"，其实却是一条石子路，街上车辆较少，可以随意徜徉其间。盖斯镇建于1867年，初期只有3间酒吧、1个旅馆、两家商店。1971年，政府将其定为文化遗产保护地。

在水街和坎华街交界处有一座盖斯镇蒸汽钟(Gastown Steam Clock)，是世界上第一座以蒸汽为动力的钟，每小时鸣钟一次，同时钟上的小烟囱会喷出蒸汽。

夜里的盖斯镇同样迷人，游客可以在地中海风味、亚洲风味或当地风味的海鲜酒楼享用晚餐，享受其间的浪漫情调。这里还有许多风格各异的服饰店及画廊，饭后可以随意逛逛。

交通：从市中心至盖斯镇可步行5分钟，也可搭乘公交1号线到达，在Water St.站下车。

From official site

中国城(China Town)

温哥华的中国城(China Town)始建于1800年，是北美仅次于旧金山的第二大唐人街所在地。去过香港的朋友也许会觉得这里有几分熟悉，你会发现这里跟香港有很多相似的地方，人们喜欢用粤语交流，酒店、商店的招牌，甚至连路牌都是用中文和英文两种文字标志。这里离盖斯镇不远，其中心位于哈思汀东街(East Hastings Street)及片打东街(East Pender Street)。

中国城里有一座孙逸仙公园(Dr.Sun Yat-Sen Chinese Garden)，是中国本土以外第一座古典式中国园林。这个公园建于1985年，依照明代风格设计修

建，据说里面的很多东西都是从中国运来的。位于片打西街50号的中华门，可以算是温哥华华人社区的标志，很多游客都会到此合影留念。

交通：乘公交车19号线，在Pender St.站下车。

孙逸仙公园价格：成人10加元；老人8加元；5岁以下儿童免费。

开放时间：

3月1日~6月14日	10:00~18:00
6月15~8月	9:30~19:00
9月	10:00~18:00
10月~4月	10:00~16:30

斯坦利公园(Stanley Park)

斯坦利公园是温哥华最受游客欢迎的景点之一，占地约1000英亩，是加拿大最大的城市公园。公园四周基本上被海水包围，仅有东南面跟温哥华市中心接壤。园中有雷鸟公园(Thunderbird Park)、洛斯特湖(Lost Lagoon)、九时古炮等景点，公园的制高点是展望角，可以算是温哥华的一个地标性景点，在此可以一览狮门大桥、温哥华内港以及北温哥华绵延的山脉。公园中的温哥华水族馆也值得一看，有兴致的话还可以喂喂白鲸和逆戟鲸。

斯坦利公园很大，可以在公园内踩单车或滑旱冰，公园内绿草如茵、空气新鲜，因此，徒步其间也是一个不错的选择。如果走累了，还可以搭乘旅游巴士。在公园的西南方向有大片的沙滩，可以进行沙滩运动或晒晒日光浴。

By Hyougushi

地址：West end of Georgia Street Vancouver, V6G 3E2 BC Canada

交通：乘19路Stanley Park方向到终点站下车

价格：免费

开放时间：8:00~21:00

海港大厦(Harbour Centre Tower)

From official site

在科尔多瓦街(Cordova Street) 右边空中火车终点站(Waterfront Station)附近，有一座顶层形状像UFO飞碟的大厦，这便是温哥华的地标性建筑之一——海港大厦(Harbour Centre Tower)。海港大厦是温哥华有名的建筑，高达553英尺，由底层的电梯爬升到顶楼用时不到1分钟，顶楼有360度的City View位置表，并有历史介绍、资料摆列，帮助游客了解温哥华的地理位置，最上层是Top of Vancouver Restaurant，会自动旋转，大约每90分钟转一圈，在此可以享受温哥华完整的360度景色。

加拿大广场(Canada Place)

加拿大广场是1986年世博会地标，集阿拉斯加油轮基地、国际会议中心、酒店三位为一体。

From official site

广场内有各种娱乐及商务设施，如温哥华贸易及会议中心、五星级酒店、餐厅以及CN IMAX影院等。在广场上可以遥望绍亚群山，中间则是越过斯坦利公园(Stanley Park)、狮门大桥(Lion Gate Bridge)、巴拉德湾(the Burrard Inlet)。广场附近有水上飞机与渡船，游客可以在那儿感受一下温哥华的海港魅力。

地址：780-999 Canada Place Vancouver, V6C 3E1 BC Canada
电话：604-775-7200
交通：乘轻轨在Waterfront站下车

CN IMAX影院
电话：001-604-682-4629
票价：10~15加元

温哥华水族馆(Vancouver Aquarium)

温哥华水族馆是加拿大最大的水族馆，也是北美最大的5家水族馆之

From official site

一，建于1956年，其位置就在斯坦利公园的东南角。水族馆分为6个展示区，分别展示不同的地理环境，包括海洋哺乳类中心(Max Bell Marine Mammal Centre)、加拿大北极区(Arctic Canada)、北太平洋区(Sandwell North Pacific Gallery)、亚马逊雨林区(Graham Amazon Gallery)等。

海洋哺乳类中心每天的杀人鲸及白鲸表演不容错过。

地址：West end of Georgia Street Vancouver, V6G 3E2 BC Canada
电话：604-659-3474
交通：公交135号线终点站下车
价格：成人19.95加元；青年，老人，学生14.95加元；儿童11.95加元
开放时间：冬季9:30~17:00；夏季9:30~19:00
杀人鲸表演时刻：10:30am~12:30pm

罗布森大街(Robson Street)

罗布森大街(Robson Street)是温哥华于1980年重新规划的摩登流行区，位于商业区中心，其主要部分由Hamilton街、Mainland街、Smithe街、Helmcken街组成。在这些街区中，汇集着Eaton's等商场及名品专卖店。在与Howe街交汇处的Robson广场地下，分布着大量快餐厅，午餐时刻十分热闹。购物疲倦之后，可以去那些将桌子摆在大街上的路边咖啡屋坐坐。从Thurlow大街到斯坦利公园的这条街上也是餐厅云集，有高级法国料理、意大利比萨饼、日本料理等各国风味的大餐供游客选择。

Robson大街目前已是温哥华传统的购物及美食天堂，其命名是为了纪念不列颠哥伦比亚省(British Columbia)原省长约翰·罗布森(John Robson)。
交通：公交车3号线Robson St.站下车。

格劳斯山(Grouse Mountain)

想登山远眺温哥华全景，格劳斯山是最佳选择，这里也被誉为"温哥华之峰"(The Peak of Vancouver)，交通也很便利，距离市中心仅有15分钟车程。

在格劳斯山滑雪也是最受游客欢迎的活动之一，自1926年起这里就设置了滑雪项目，时至今日，这里已经从原有的一条雪道，发展至如今的26条雪道任游人选择。不仅有适合初学者和滑雪"发烧友"的各类地形，还包括夜间滑雪、单板滑雪、雪鞋健行、滑冰、雪橇等诸多项目。

开放时间：9:00am~10:00pm，**全年开放**。

餐饮美食

温哥华餐厅种类多样，从高级餐厅、特色菜馆到露天咖啡馆，能满足不同游客的口味，当地美食特别强调食材的新鲜和美味，享有"北美食都"的美誉。温哥华本土美食以海鲜类为主，如三文鱼、银鳕鱼、旗鱼等，其中，从北太平洋秋季回流的三文鱼，堪称温哥华海鲜中的极品。

From official site

温哥华是典型的移民城市，因此，早期的欧洲移民也将地道的欧洲美食引入温哥华，比如法国菜、意大利菜、加勒比海菜以及地中海菜等，众多一流水准的烤乳鸽、象拔蚌、螃蟹、阿拉斯加蟹、龙虾、石斑鱼等佳肴都可以在这里找到。

CinCin Ristorante&Bar

这是一家经营意大利菜的高级餐厅，位于市中心商业区，甚至有好莱坞明星也出没于此。精致的海鲜菜肴是这家餐厅的特色，推荐招牌菜是桤木熏野生鲑鱼比萨(alder-smoked wild salmon pizza)。

地址：1154 Robson Street
电话：604-688-7338

Blue Water Cafe & Raw Bar

这是一家海鲜餐厅，位于市中心东南角的耶鲁镇，主营新鲜的海洋贝类和各种寿司。

地址：1095 Hamilton Street
电话：604-688-8078

Lumière

法国餐厅，位于基斯兰奴，在温哥华乃至加拿大都有很高的知名度，终日顾客盈门，建议提前预订座位。

地址：2551 West Broadway

电话：604-739-8185

Fish House in Stanley Park

这是当地有名的一家海鲜餐厅，位于斯坦利公园内，环境优美，这里的烤旗鱼值得推荐。

地址：8901 Stanley Park Drive Vancouver

电话：604-681-7275

Tojo's Restaurant

虽是一家温哥华的寿司店，但口味不亚于日本本土餐厅，这家店名气很大，一直是温哥华本地人吃日本料理的首选之地。

地址：1133 West Broadway

电话：604-872-8050

Brass Monkey

这家餐厅同样位于斯坦利公园内，内部的装修风格很有特点，其菜品也同样很独特，在这里可以尝到各种海鲜的吃法。

地址：1072 Denman Street

电话：604-685-7626

Kirin Mandarin Restaurant(麒麟菜馆)

如果吃不惯西餐，温哥华还有大量的中国餐馆可以选择。麒麟菜馆是值得推荐的一家，这里集中了中国主要的几大菜系，招牌菜则是北京烤鸭和中式套餐。

地址：1166 Alberni Street

电话：604-682-8833

Hon's Wun-Tun House(汉记面家)

连锁的中式面馆，接近快餐，位于各大商业区，提供美味锅贴和大碗汤面。

地址：1339 Robson Street

电话：604-685-0871

>> 当地住宿

温哥华住宿选择十分多样，从高档酒店、度假村到经济实惠的家庭旅馆、汽车旅馆等应有尽有，游客可以根据自己的旅游方式和预算进行选择。温哥华酒店多位于交通便利的地段，服务也十分周到。温哥华的酒店多配有酒店餐厅，可为客人提供优质的餐饮服务。

From official site

酒店:

在温哥华有各种档次的酒店供游客选择，如果你计划来一次豪华的温哥华之旅，那一定不会让你失望，温哥华市有两家五星钻石级酒店，可提供顶级的旅游住宿服务。

度假村:

在远离都市的乡村及自然风景区，有很多设备完善的度假村，在山区、湖滨或者海边，可以充分享受大自然的气息。这些度假村还提供许多多姿多彩的户外活动，如骑马、滑雪、潜水、赏鲸等，充满野趣及自然之乐。

汽车旅店:

汽车旅店遍布温哥华地区，交通便利，一般都很接近旅游景点、商业区及文化活动中心，汽车旅馆大多经济实惠，对于预算不多的游客来说是个不错的选择。

青年旅舍(Hostel):

类似宿舍形式的青年旅舍受到学生及年轻旅行者的普遍欢迎，价格较便宜，且具有相当友善的住宿环境。青年旅舍一般分为男女混住房及女宾房，一些青年旅舍也设有家庭及夫妇套间。大部分青年旅舍备有自助厨房或食堂及储物间等，满足客人必要的旅行需求。另外，还设有共享大厅供客人休息娱乐或与其他房客交流。

一餐一宿的家庭式旅馆：

如果你想更深入的体验本地生活，与当地人做更深入的交流，最好的方式就是入住家庭式旅馆。这类住宿多设于私人房屋内，屋主腾出家里的多余房间租给游客，并提供早餐。

顶级酒店：

◎　Four Seasons Hotel Vancouver

温哥华四季酒店位于商业区内，是一家拥有近400间典雅舒适套房的五星级豪华酒店。与相邻的市内最大的购物中心太平洋购物中心一起，成为温哥华的地标性建筑之一。

地址：791 West Georgia Street Vancouver, BC

电话：604-689-9333

价格：单人间210加元起；双人间240加元起；套间235~335加元

◎　Sutton Place Hotel Vancouver

酒店位于商业区的Robson街与Burrard街交汇处，客房的室内装修有着绝无仅有的温馨感受。健身、美容美体中心等设施一应俱全。

地址：845 Burrard Street, Vancouver, BC

电话：604-682-5511

价格：单人间159加元起；双人间174加元起

◎　Pan Pacific Hotel Vancouver

位于加拿大广场附近的这家酒店，最大的特色就是可以眺望巴拉德湾和北温哥华的美景。在酒店大厅内还有一个图腾柱，也令人印象深刻。

地址：Suite 300-999 Canada Place, Vancouver, BC

电话：604-662-8111

价格：标准房240加元起；豪华海湾观景房260加元起

家庭旅馆：

◎　Jolly Taxpayer Hotel

这是一家位于商业区由家庭经营的B&B（含早餐）旅馆。拥有一些带阳台的房间。楼下是一家营业到很晚的酒吧，所以这里非常适合那些喜欢热闹的年轻游客。

地址：828 West Hastings Street, Vancouver, BC

电话：604-681-3550

价格：单人间70加元；双人间80加元(均含早餐)

◎　Buchan Hotel

这家旅馆在著名的斯坦利公园附近，房间干净整洁，有洗衣房和公用浴室。

地址：1906 Haro Street Vancouver, BC

电话：604-685-5354

价格：单人间45加元起；双人间70加元起

◎　Steveston Hotel

这是一家地处城区南部Richmond的旅馆，部分房间配备蒸汽浴缸。与Jolly Taxpayer Hotel一样，楼下也有一间酒吧。

地址：1211 3rd Ave, Richmond

电话：604-277-9511

价格：单人间55加元；双人间60加元；三人间65加元

◎　SameSun's Hostel

这家位于Granville街的家庭旅馆，有相当浓厚的娱乐氛围。

地址：1018 Granville Street, Vancouver, BC

电话：604-682-8226

价格：25~70加元

青年旅舍：

◎　HI Vancouver Downtown

这家位于市区西端的青年旅舍，外观气派，所有房间都是小房间，很安静，非常受家庭欢迎。旅舍提供自助洗衣、自行车租用和可以上网的电脑等。

地址：1114 Burnaby Street, Vancouver

电话：604-684-4565

价格：床位20加元起

◎　HI Vancouver Jericho Beach

这家青年旅舍位于Jericho海滩附近，是加拿大最大的青年旅舍之一，户外活动爱好者可以在这里租到自行车和享受各种沙滩体育设施。旅馆还为住宿游客提供班车，方便往返于市中心。

地址：1515 Discovery Street, Vancouver, BC

电话：604-224-3208

价格：床位18.5加元起

◎　Cambie Hostel-Gastown

地处Gastown的青年旅舍，交通出行和购物都非常方便。

地址：300 Cambie Street, Gastown Vancouver, BC

电话：604-684-6466

价格：床位21加元起

特色酒店：

◎　Pacific Palisades Hotel Vancouver

这家酒店位于市中心的Robson街。酒店是以沙滩文化为主题设计的，室内装修色彩艳丽，洋溢着海滩风情。

地址：1277 Robson Street, Vancouver, BC

电话：604-688-0461

价格：208~236加元

◎　Hyatt Regency Vancouver

该酒店地处繁华的商业地带，紧邻轻轨Burrard站。有600多间拥有完美视野的客房供房客选择，它们分别可以看到海景与山景。夜幕里，蓝色灯光下的酒店十分靓丽。

地址：655 Burrard Street, Vancouver

电话：604-683-1234

价格：235~378加元

特色购物

　　温哥华有很多具有浓厚的当地特色的土特产，独特且有趣。走到商业区，游客可以尽情购买枫树糖和糖浆、烟鲑鱼或糖煮鲑鱼及不列颠哥伦比亚葡萄酒。当然，如果你想带些能代表当地特色文化的纪念品，本地的艺术品也是不错的选择。

　　大型的购物中心、商场和知名零售商遍布温哥华，其中最大的是铁道镇购物中心(Metrotown Center)，那里是深受大家喜爱的购物天堂。对于游客来说，罗布森大街(Robson Street)也是个相当理想的购物场所。

　　此外，在拥有200多家零售店的太平洋购物中心(Pacific Center)，在其地下商场里你可以找到当地特色的项链、木底鞋以及精致的玻璃制品等。在公众市场(Public Market)里也有一些贩卖稀奇手工艺品的临时摊位，一般都是老板自己的杰作，如手工的项链、别针、发夹等，更不乏专供收藏用的手工洋娃娃、兼具实用功能的艺术时钟等艺术精品。市场外的空地及码头边经常可看见街头艺人在表演，经常吸引许多游客驻足。

一般商店的营业时间为星期一至星期六10:00~18:00，星期日一般休息。超市或商场根据星期几的不同营业至20:00或21:00，星期日营业时间大多为12:00~17:00。

娱乐活动

以多元文化著称的温哥华，娱乐生活自然也是多姿多彩。除了温哥华当地举行的各种节日活动，还可以欣赏到戏剧、音乐会及各类表演，更有许多夜总会和时尚酒吧，精彩又刺激。

表演艺术——钢琴酒吧是温哥华的一大特色，一到周末这类场所的演出更是歌舞升平。运气好的话还可以遇见知名流行乐手或摇滚歌手的演出，一般是晚上7点开始，往往先是其他歌手暖场，

By Ken Lund

正式演出者要等到10点、11点才登场。

游客可以选择在艺术会剧院(Arts Club Theatre)欣赏加拿大本土或国外戏剧，或去温哥华剧场体育联盟(Vancouver Theatresports League)观看即兴喜剧。而位于市中心的温哥华演艺中心(The Centre in Vancouver for Performing Arts)

From official site

则适合各类现场表演，有机会的话不妨去看一看。

著名的伊丽莎白女王剧院(Queen Elizabeth Theatre)，每年都会上演多个大型表演和百老汇式音乐剧。毗连伊丽莎白女王剧院的温哥华剧团(Playhouse

Theatre Company)则主要演出各类大型剧目。

夜生活——温哥华市内有许多舞厅和酒吧，几乎在每个社区都可以找到爱尔兰式酒吧，如在盖斯镇(Gastown)和西端。周末的时候，可以到格兰威尔街上逛逛，灯红酒绿的夜景极具异国情调。

水上活动——温哥华最著名的水上项目是观鲸，可以跟随观鲸团在乔治亚海峡(Strait of Georgia)观看杀人鲸。在温哥华附近的众多激流中，可以来一场皮筏漂流之旅，也可在相对平静的河流或海洋中垂钓；可以去英吉列海湾(English Bay)乘坐包船或参加有向导的行程，也可挑战一下海上的独木舟之旅。即使在温哥华市内，也可以在海滩附近畅泳或在海滩野餐——伴着黄昏美景与友人共进晚餐。

▶▶ 节庆活动

在加拿大，5月~10月间几乎每周都有各式各样的庆典活动，无论你喜欢音乐、戏剧还是舞蹈，都可以在温哥华找到你感兴趣的活动。

温哥华国际儿童节(Vancouver International Children's Festival)

活动：节日期间，来自加拿大及全球各地的世界级表演艺术家将云集温哥华献艺，包括各种互动项目，你可以亲身参与其中。

时间：每年5月

地点：Vanier Park(凡尼尔公园)

温哥华民歌音乐节(Vancouver Folk Music Festival)

活动：音乐节会邀请来自加拿大和世界各地的民间歌手和音乐家来此表演，演出的音乐风格十分多样。

时间：每年7月

地点：在杰里科海滩(Jericho Beach)举行

35TH anNual VANCOUVER FOLK MUSIC FESTIVAL.12 Jericho Beach Park July 13·14·15 2012

From official site

温哥华音乐节(Festival Vancouver)

活动：相比民歌音乐节，这个音乐节则更加"古典"一些，来自加拿大和世界各地的音乐家齐聚一堂，表演交响乐、合唱、世界音乐和室内乐、爵士乐、歌剧等各类音乐。

时间：每年8月

地点：多个场地同时进行

1. 时区：不列颠哥伦比亚省内大部分地区都采用太平洋标准时间(与洛杉矶相同；比多伦多和纽约晚3小时)。在与亚伯达省交界地区，如落基山地区使用山区标准时间，比太平洋标准时间早1小时。温哥华属太平洋标准时区，夏令时间由4月第一个星期日的凌晨2点起至11月第一个星期日凌晨2点止。

2. 吸烟限制：温哥华地区不同的城市有不同的法律限制吸烟。在温哥华市区，法律禁止在室内以及公共场所吸烟，包括公共交通设施内、购物商场、饭店、酒吧、夜总会和赌场内。法律也不允许在室内入口处6米内的室外、开着的窗户边或建筑物的通风口处吸烟。允许吸烟区通常有明显的指示牌，请只在这些区域内吸烟。

花园城市——维多利亚 (Victoria)

维多利亚(Victoria)是不列颠哥伦比亚省(British Columbia)省会，位于温哥华岛的最南端。维多利亚虽然与多元化的温哥华仅隔一个内港，但这里却充满着传统英式的生活气息，红色的双层巴士随处可见，街道两旁悬挂的吊式花篮以及道路两侧的建筑，也都显示出浓郁的英式风格。

维多利亚市中心的内港(Victoria Inner Harbour)是典型代表，许多景点都集中在港口的周围，包括帝后饭店、省议会大厦、皇家不列颠哥伦比亚博物馆、皇家伦敦蜡像馆等，帝后饭店的英式下午茶，更具有典型的维多利亚气息。

By Peter Macdonald Photo

维多利亚是著名的"花园之都"，这里气候宜人、四季如春，处处是盛开的鲜花，维多利亚港附近的布查特花园更是举世闻名，它是到维多利亚旅游的必看景点。

▶▶ 气候特点

被称为"花园之都"的维多利亚市是亚地中海式气候，一年四季气候舒适，随时欢迎旅行者的到来。

这里1月平均气温为4℃~5℃，4月平均气温为12.9℃，7月平均气温为21.8℃，10月平均气温为14.1℃，11月平均气温为9.4℃，雨量少、阳光多的气候特点，不但培育出繁花似锦的花样城市，也使得维多利亚成为最适宜人类居住的城市之一。

1.　从11月到次年3月，还是应该准备一些保暖的服装。
2.　市中心的餐馆、景点、商店都可以步行到达，所以游客应该准备一双舒适合脚的鞋子。

▶▶ 来往交通

航空

中国目前没有直飞维多利亚的航班，需要从温哥华转机，从温哥华国际机场到维多利亚的飞行时间约为30分钟。

维多利亚国际机场距离维多利亚市中心以北约30分钟车程，每天有多次航班从维多利亚飞往多伦多和加拿大各大城市，也有定期的到达维多利亚市中心的水上飞机和直升机。

铁路

维多利亚火车站位于维多利亚市中心北端。维多利亚与科特尼(Courtenay)之间有E&N Railiner，从纳奈摩(Nanaimo)到维多利亚每天1趟，时间约为2小时25分钟。不过这条路线并不方便旅行者，不推荐。

公路

从温哥华每天有巴士前往维多利亚，在温哥华的杜华逊(Tsawwassen)登上载车渡轮，大约3小时35分钟，即可到达维多利亚巴士总站(Victoria Bus Depot)。

在渡轮上下巴士时一定要牢记自己所搭乘的巴士号码。在斯沃茨湾(Swartz Bay)还是要搭乘与之前相同的巴士前往市中心的巴士总站。

市内交通

在维多利亚市内出行主要乘坐Victoria Regional Transit System经营的市内公交，路线覆盖范围包括南端商业区附近直到北端的斯沃茨湾(Swartz Bay)的大部分地区。票价根据距离不同而变化，从商业区到沃克湾(Walker Bay)为一个区间1.5加元，到北端的

By rahuldlucca

斯沃茨湾(Swartz Bay)则为2.25加元。全天乘坐的通票票价是5加元。

▶▶ 经典景点

By Cindy Andrier

皇家不列颠哥伦比亚博物馆(Royal British Columbia Museum)

这家博物馆位于维多利亚内港，展品主要展现不列颠哥伦比亚省的历史演变及当地民族的历史演变。博物馆由3层楼构成，展品数量高达100万件以上。其中，3楼主要介绍加拿大原住民的历史(First People Gallery)，另外还有介绍1700年到1970年历史的近代史馆；2楼主要展示自然遗迹，并通过模型及一些现代化的展示方式重现冰河期末期至现代不列颠哥伦比亚省的生态演变；1楼是体验和购物区，可以在国家地理杂志的IMAX影院观看纪录片，或去皇家博物馆商店购买一些与不列颠哥伦比亚省有关的商品。

地址： 675 Belleville St.

交通： 公交5路、28路或30路

门票： 成人13加元，青少年8.70加元，6岁以下免费。

开放时间： 9:00~17:00

帝后饭店(Empress Hotel)

帝后饭店(Empress Hotel)建于1908年，据称建筑费超过160万元，在当时而言可算是一个豪华建筑，这座堡垒式的建筑充满着帝王气派，受到世界各地游客的追捧。饭店内饰极其讲究，硬木地板、丝绒家具、精心雕琢的窗框，都显示着它的不凡之气。

By Robin Zebrowski

除了欣赏建筑之美，还可享受帝后饭店正宗的英式下午茶，美味的各种糕点被装在银制的双层托盘中，糕点上还点缀着新鲜的水果，侍者的服务也同样具有浓郁的英伦风范。

地址： 721 Government St.

电话： 250-384-8111

雷鸟公园(Thunderbird Park)

雷鸟公园是一处大型户外印第安文化展示区，里面展示了各种印第安图腾柱，还有一排长型木制矮屋，这是印第安传统的建筑，被称为"长屋"。

公园内的图腾柱并不是真品，20世纪40年代，雷鸟公园内的印第安图腾柱都是博物馆藏品，为了营造真实的印第安生活情境，被放置在公园之内。但经过了10年左右的风吹日晒，这些图腾柱受到很大损害，因此政府又再次将图腾柱摆回博物馆，并重新雕刻了一模一样的图腾柱摆放在公园内供游人参观。

地址：位于Douglas Street和Belleville Street交叉口转角处

交通：从游客中心步行6分钟可到达

门票：5加元

开放时间：10:00~17:00

布查特花园(The Butchart Gardens)

布查特花园(The Butchart Gardens)是到维多利亚游玩不可错过的一处景观，可以说是这座花园城市的精髓所在。这座花园有多种奇花异草，庭院的设计也别出心裁，奇幻的景观每年吸引着全球数百万

的游客到此一游，2004年布查特花园被评为"加拿大国家历史遗址"。

布查特花园本是私人花园，始建于1904年，水泥商人布查特曾在此地开采石灰石，当他退休后，他的夫人就将这里改建为花园，把从世界各地收集来

的花草种植于此。之后的一个世纪，布查特家族一直对花园悉心照顾，并热心接待观光的游人。如今，园内包括下沉花园、玫瑰园、日本园、意大利园等多个景观。

地址：800 Benvenuto Dr. Brentwood Bay

交通：公交75路在The Butchart Gardens站下车

门票：25加元。

开放时间：春夏秋季 9:00am~10:30pm

冬季 (淡季) 9:00am~4:00pm

省议会大厦(The Parliament Buildings)

省议会大厦(The Parliament Buildings)由英国的法兰西斯·拿顿贝利设计，于1893年动工，1897年10月完工。这座大厦是一座维多利亚式的建筑，园内耸立着维多利亚女王的铜像，中央圆顶部分是乔治·温哥华的铜像。大厦内部分为地下一楼、地上一楼和二楼。

大厦外侧的喷泉是为了纪念不列颠哥伦比亚省殖民100周年，西侧的联合广场则记载了加拿大10个省及两个地区的图腾徽章。

议会大厦的夜景也非常值得欣赏，有超过3000个灯泡装饰着大厦的周围，是维多利亚地区著名的夜景之一。

地址：501 Belleville St. Victoria

交通：公交5、27、28、30路

By Nogwater

鲸鱼观赏

维多利亚也是观鲸的理想场所，游客可以乘坐小型游船出海碰碰运气，多数时候都能碰上鲸鱼，如果运气不好，则可追加10加元延长游览时间。游客出发前须穿上救生衣，船上会很冷，应注意保暖，游船摇晃得厉害，晕船的人要注意。

By roland

地址： Seacoast Expedition

交通： 乘船场所在英拿港的Ocean Point Resort

票价： 3小时游(5~9月) 1日4次，95加元
2小时游(4~10月) 1日1~2次，95加元

小人国(Miniature World)

在帝后饭店的旁边有一个奇特的"小人国"，内有世界上最小的锯木工厂、最大的娃娃房，还有壮观的加拿大铁路模型，在铁路上奔驰的则是世上最大的模型火车。这里还有奇妙的童话世界、格列佛"大小人国"游记、玫瑰战争的仿真场景和狄更斯小说中的实景再现。

By Everyspoon

地址： 649 Humboldt St. (帝后饭店旁边)

票价： 9加元

开放时间： 每日(夏)8:30~22:30；(冬)9:00~17:30

水晶花园(Crystal Garden)

水晶花园也同样位于帝后饭店附近，这是一座有圆形玻璃屋顶的温室花园，至今已有百年历史，花园以热带动植物为主，在繁茂的热带雨林中，可以看到色彩斑斓的花草、鸟类和各种蝴蝶。在加拿大，这也算是一个比较独特的景观。

地址： bet. Belleville & Suprior St.

交通： 从市中心内港的旅游服务中心出发，步行约6分钟

票价： 5加元

▶▶ 餐饮美食

By sporkist

虽说维多利亚以英伦风格为主，但游客依然可以在这里享受到各种充满异国情调的菜肴。如离维多利亚市中心20分钟车程的山尼治半岛，和离维多利亚45分钟车程的考维晨谷(Cowichan Valley)，都聚集了大量美食餐厅，游客还可以报名导游带队的"美食之旅"，有机会参观酿酒坊和农场，品尝食品甚至亲自动手制作美食。如果对异国情调不那么在乎的话，唐人街则可以让您吃得又好又便宜，一些中餐馆的海鲜非常值得推荐。

Legislative Dining Room

议会大厦自有的自助餐厅，也是维多利亚最有名的私房菜之一，当地民众和游客都可以进入，里面的银质餐具和精美菜单是其特色，推荐的美食包括烟熏豆腐沙拉、牛排和小虾油炸玉米粉饼等。需要注意，这里只接受现金，在大厦里面入口处还设有安检装置。

地址：议会大厦606房
电话：250-387-3959

John's Place

在享受美食之前，这幢铺有木地板的高天花板建筑也是值得建筑迷们欣赏一番的，不可错过的美食是堆得很高的比利时华夫饼干，来这用餐的人一般会选择国际爽心美食，不过，费用方面这里要高于一般的标准用餐费用。

地址：723 Pandora Ave
电话：250-389-0711

Floyd's Diner

Floyd有个很不错的小院子，阳光明媚的时候一定要过来享受一下，当然，美味的食物才是重点。这里还提供英式早餐（all-day breakfast），午餐也十分丰盛，有各种汉堡和三明治供选择，尤其超值的是5.5加元不限量的鲜美的汤。

地址：866 Yates Street
电话：250-381-5114

Lotus Pond

这是一家中国餐馆，内部装修虽显破旧，但餐厅所有的菜都以佛教原则制作，甚至一些肉食者也经常光顾这里。推荐的美食有春卷、点心和锅贴。

地址：617 Johnson Street

电话：250-380-9293

▶▶ 当地住宿

维多利亚是一座典型的旅游城市，因此，游人对住宿的条件不必担心，设施齐备的宾馆随处可见，而且都很安全、干净，当然，整体房价也偏高。如果预算有限，那么住B&B（Bed and breakfast）比较合适，这类旅店在靠山的地区和郊外的住宿区比较常见。另外，在商业购物街道，如格拉斯街两边，也有很多专供游人住宿的旅馆，在以恩普莱斯旅馆和省议会大厦所在的一角为中心的住宿区内，有很多中小观光旅馆和汽车旅馆，价格并不离谱，且交通便利，紧邻公共汽车总站。

帝后饭店(Empress Hotel)

这是维多利亚著名的景点，也是一个价格不菲的住宿场所。饭店位于市中心区，可以俯视整个内港，临近会议中心，距火车站1.6公里，距维多利亚国际机场27公里。

地址：721 Government Street Victoria, BC V8W 1W5

电话：250-384-8111

费用参考：300加元

太平洋大酒店(Hotel Grand Pacific)

Grand Pacific位于维多利亚市中心，可俯瞰内港景色，在高层还可观看维多利亚全景。酒店旁边就是省议会大厦(Parliament Buildings)，酒店离政府街和古董街(Antique Row)、皇家不列颠哥伦比亚博物馆、维多利亚会议中心(Victoria Conference Center)和Coho渡轮码头都不算远。

地址：463 Belleville Street Victoria, BC V8V 1X3

电话：250-386-0450

费用参考：260加元

维多利亚华美达酒店(Ramada-Victoria)

酒店位于乔治航道(Gorge Waterway)附近，驱车5分钟即可到达维多利亚市区和内港港口。从酒店可以步行到Selkirk水滨地带，那里有很多供步行和骑车的小道，海边还有独木舟和皮划艇出租。

地址：123 Gorge Road East Victoria, BC, V9A 1L1

电话：250-381-422

费用参考：130加元

▶▶ 特色购物

维多利亚有许多大型购物场所，市中心的市府街(Government Street)上排列着众多知名的服饰精品店、纪念品店、购物商场及个性商店，还有大型的购物中心伊顿百货(Eaton Center)。许多游乐区、博物馆和艺廊也都有纪念品可以购买。此外，街上还有奶糖、巧克力等特色小店和古董店、花边商店及书店等。

邻近市府街的道格拉斯街和福特街(也称做古董街)也有众多商店。旧城(Old Town)的商店货物品种繁多，附近的唐人街出售大量的进口商品——所谓进口，往往都是中国制造。维多利亚海湾购物中心也汇集了各色商铺。很多大型商区在星期天营业时间为12:00~17:00，购物非常方便。

By mick62

伊顿百货(Victoria Eaton Center)

这个大型的百货商场，位于市中心市府街，有100多个专柜，最顶层有餐饮区。

地址：Government St. & Font St.

罗杰的巧克力(Rogers' Chocolates)

这是很有特色的一家店铺，已经有百年历史，最著名的是维多利亚奶油巧克力。

地址：913 Government St.

By firepile

万发(All in Bloom)

这是一家杂货店，有很多有趣的商品，里面的花形蜡烛精致又漂亮，是很好的礼物。

地址：616 Trounce Alley St.

▶▶ 娱乐活动

维多利亚有各种娱乐活动，可以在海滩上野餐、在室内享用下午茶、骑自行车或乘马车四处游览。

高尔夫——维多利亚有超过20个全年开放的球场，均是大师级设计，设备齐全，是高尔夫爱好者的天堂。

矿泉疗养——维多利亚的矿泉疗法与自然要素有紧密的结合，游客可以选择海盐擦体、海藻面膜，或使用当地的薰衣草和鹅卵石加热后进行全身按摩，还有一种酿酒足疗法也值得一试。

潜水——奥格登角(Ogden Point)海堤，瑞斯礁(Race Rocks)水下海洋公园，布兰特伍德(Brentwood)海湾的玻璃海绵花园，以及位于纳奈摩市(Nanaimo)的世界最大的人工礁，都是适合潜水的好地方。

By Dan Hershman

钓鱼——维多利亚附近的海岸以深海钓鱼闻名，运气好的话还可以钓到珍贵的三文鱼。陆上也有许多适合钓鱼的淡水湖泊和小河流。

By hagwall

独木舟——独木舟是加拿大的一个特色旅游项目，在维多利亚可以以市中心的内港为起点开始旅程。旅行社或一些户外运动的经营者可以提供培训课程，组织一日游和多日游。夏季还可以报名参加日落划船观光活动。

维多利亚游客信息中心

地址：加拿大不列颠哥伦比亚省维多利亚市惠尔夫大街812号(812 Wharf St. 市中心内港旁)

邮政编码：V8W 1T3

营业时间：9:00~17:00(夏季时间延长)

电话：250-9532033

电子邮件：info@tourismvictoria.com

滑雪胜地——惠斯勒 (Whistler)

山城惠斯勒位于温哥华以北，是世界知名的冬季滑雪胜地，包含了惠斯勒山(Whistler Mt.)和黑梳山(Blackcomb Mt.)两个北美最大的滑雪场，均是国际级的滑雪场地。2010年温哥华举办冬奥会与残奥会，其中高山滑雪项目就在惠斯勒举办。

惠斯勒村的常住人口仅有8600人，但在旅游旺季则会有数万人汇聚于此。惠斯勒的旅游设施也比较齐全，目前惠斯勒度假村中约有115家各类型的度假饭店，餐厅约有90家，其他商店则约为200家。

惠斯勒度假村(Whistler Resort)建立于1908年，被黑梳山和惠斯勒山所环绕，为一座山中小城。惠斯勒度假村包含了惠斯勒村(Whistler Village)和上村(Upper Village)两大主要部分，还包括了周边的高尔夫球场、湖泊、公园等。

上村(Upper Village)位于黑梳山山腰，其中最吸引人的莫过于宛若城堡的惠斯勒城堡度假饭店(Chateau Whistler Resort)。

From official site

▶▶ 特别推荐——世界级四季度假区

惠斯勒黑梳山(Whistler Blackcomb)被誉为北美最好的四季度假区之一。夏天，在惠斯勒徒步是非常令人难忘的体验，在邻近的加里波第省立公园(Garibaldi Provincial Park)等地方有复杂的地形：平坦的公路大道、蜿蜒崎岖的山路、高低起伏的高山草甸，路途中还能看到纤细绵长的瀑布以及碧绿平静的湖泊。

除此之外，惠斯勒的顶级高尔夫球场也是世界闻名的，其丰富多彩的水上运动也不应错过，如独木舟、皮艇、游泳，而大量的红鳟、鲑鱼、大马哈鱼，也能够让钓鱼迷得以满足(需许可证)。

每年的6月~9月间，惠斯勒就像是举行庆典一般，天天都有精彩的节目；街头艺人、小丑、乐师以及露天音乐会将游客的情绪带到最高潮。自1996年举办庆典节目以来，夏季来此度假的人潮每年都在增加。如果不想天天待在喧闹的度假村中，不妨安排其他户外活动吧！

From official site

▶▶ 来往交通

航空

乘飞机的话需先抵达温哥华国际机场(Vancouver International Airport)。从温哥华至惠斯勒，每天都有多个巴士专线，租车亦很方便。游客还可自温哥华租用私人飞机抵达惠斯勒。

长途汽车

搭乘巴士的话，可于温哥华搭乘Permeters hstler Express或是灰狗巴士前往。租车或自驾可由温哥华沿99号海天公路("Sea to Sy Hghay" 99)直达，只需两小时。

当地交通

当地的主要公共交通是惠斯勒山谷特快(Whistler and Valley Express)，提供惠斯勒小镇以及惠斯勒往返彭伯顿地区的服务路线，每天的运营时间从凌晨5:30至次日凌晨3:00。当然，在惠斯勒乘坐出租车也十分便利。

▶▶ 滑雪胜地

多数游人来到惠斯勒就是滑雪，这里提供包括高山滑雪、冬季滑雪、越野滑雪等多种项目，并配备雪车及雪橇等设备。惠斯勒有200条优质雪道、37座升降设备。一流的看台视野也可以满足"看客"的需要，便捷的篷式汽车接送游客前往滑降比赛的露天看台及滑行赛道边的观众通道。

By globalreset

惠斯勒的雪季漫长，从每年的11月一直延续到次年的6月初，而黑梳山的冰川滑雪甚至可以延续到7月份，是全球滑雪时间最长的地方。

在惠斯勒山，滑雪爱好者可以利用Big Red Express、Emerald Express和Harmony Express3种快速缆车进入大部分的滑道。搭快速缆车可到达惠斯勒滑雪区的精华地带，它把初、中、高三个等级的滑道调配在一起。

餐饮美食

From official site

惠斯勒汇聚了全球各国的滑雪爱好者，同时也聚集了众多享誉国际的美食餐厅。同样，具有地方特色的美食也占有一席之地。

在惠斯勒就餐的气氛是滑雪爱好者无法抗拒的：坐在温暖的室内，从落地窗欣赏外面的冰天雪地和巍峨的雪峰……在经历了滑雪的激情和疲倦后，坐在世界级度假村餐厅的露台上放松筋骨并享用美食是多么惬意的事情。每年11月，惠斯勒还会举办考努科比亚(Cornucopia)美食节，大大增加了惠斯勒的美食诱惑。

Araxi Restaurant & Lounge

伦敦的《泰晤士报》曾经盛赞Araxi餐厅是"惠斯勒最棒的餐厅，不容置疑"。这家餐厅可提供3种用餐场所：用餐包厢、海鲜吧台和提供暖气的露台，均各具特色。Araxi整体氛围比较活泼，餐厅服务也让人很舒服，美食则主要是西北太平洋风味料理。这里还有珍藏1.5万瓶美酒的地窖，如果喜欢美酒，那么就要注意守护好你的钱包了。

地址：4222 Village Square
电话：604-932-4540

Beet Root Cafe

这是一个家庭式餐厅，游客可以坐在一个角落里，闻着烤箱中新鲜出炉的食物香味，感觉非常温馨。这里的墨西哥玉米煎饼和巨型三明治值得推荐。

地址：129-4340 Lorimer Road
电话：604-932-1163

Aubergine Grille

Aubergine Grille餐厅具有大片的落地窗，还有开放式厨房。幸运的是，厨房里各个烹调大师们用当季食材精心设计各种菜肴，他们所呈献的佳肴甚至胜于美景。

地址：4090 Whistler Way(The Westin Resort & Spa)
电话：604-935-4338

Fifty Two 80 Bistro

餐厅的名字出自黑梳山峰的海拔高度1,609米(5,280英尺)。餐厅的一大特色是设有供应暖气的露台，可以露天欣赏户外美景；另一大特色是有超大型的落地窗，可以透过玻璃将四周群山的风景纳入眼中。这家餐厅的海鲜和美酒值得推荐。

地址：4591 Blackcomb Way
电话：604-935-3400

Après

这家餐厅主营现代法式料理，餐厅的空间相对狭小，但是很适合朋友之间的亲密交流。

地址：103-4338 Main Street
电话：604-935-0200

Rim Rock Cafe

这家咖啡馆被评为惠斯勒的最佳餐厅之一，气氛随意却不失优雅。菜品多样，可以满足各种口味，其中最值得推荐的是新鲜海产及野味。

地址：2177 Whistler Road
电话：604-932-5565

⟫⟫ 当地住宿

惠斯勒有四大住宿区：惠斯勒村(Whistler Village)、上村(Upper Village)、北村(North Village)及惠斯勒湖边区(Whistler Creekside)。此外，在惠斯勒山谷(Whistler Valley)、斯阔米什(Squamish)或彭伯顿(Pamberton)地区也有很多住宿的旅店可以选择。

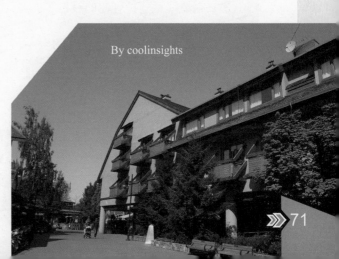

By coolinsights

➤➤ 特色购物

　　惠斯勒购物最大的特色就是滑雪及其他户外用品齐全，惠斯勒度假村汇聚了各种户外用品商店，知名品牌包括Quicksilver、Lululemon、The North Face、Roots、Salomon和Lush Cosmetics，滑雪和滑雪板零售商如Can Ski & Showcase，以及一些当地手工艺品店。

By phoosh

➤➤ 娱乐活动

　　高空游览——搭乘吊椅或缆车去往山顶，可以高空欣赏冰雪覆盖的山峦以及脚下宽阔的山谷。不可错过的是横渡峰顶缆车(Peak 2 Peak Gondola)，2008年12月12日正式启用：它连接了惠斯勒山和黑梳山两座山峰，跨度4.4公里，其中3.05公里是完全悬空的，距离地面最高处是436米，在此环望四周绝对是一生难忘的经历。

　　滑行飞索——全身被绳索固定，而后沿着黑梳山与惠斯勒山之间的滑索急

By PhotoBobil

速穿越山谷丛林，虽算不上"飞翔"，却也是不可错过的极限体验。

高尔夫——惠斯勒拥有四大冠军级赛场，均由著名设计师精心打造。球场内的景色也同样迷人。

From official site

山地自行车——这里有北美最大的骑行场地——惠斯勒山地自行车公园(Whistler Bike Park)，装备齐备之后，就可以享受冰雪世界中的骑行之旅了。

徒步旅行——惠斯勒的徒步路线非常多，日间旅行或露宿野营应有尽有，可以健步穿梭于瀑布、湖泊及山地之间。

直升机之旅——如果不在乎预算，可以在惠斯勒体验一下直升机之旅，冬季你可以乘坐直升机俯瞰令人眩晕的冰雪世界，而夏季，乘坐直升机你可以从高空俯瞰美丽的大地景观，甚至可以来一次直升机加徒步健行，探索惠斯勒山间人迹罕至的地带。

By KWDesigns

登山者号观光列车——从温哥华到惠斯勒的路程，你可以选择登上惠斯勒登山者号观光列车，开始一次3小时的火车之旅。沿途你将欣赏到接连不断的美丽景致：蜿蜒的瀑布、碧绿的湖泊、镶嵌在这碧绿色小岛上的豪湾(Howe Sound)以及白雪皑皑中蜿蜒起伏的海岸山脉。

小贴士 tips

在"扶手椅书店"可以找到去乡村所需的所有地图、指南、探险书。

艺术之岛——盐泉岛(Salt Spring Island)

By jneilson23

盐泉岛(Salt Spring Island)坐落于温哥华岛和大陆之间的佐治亚海峡中，与加利亚诺岛、潘德尔岛、萨图尔纳岛、缅因岛以及普雷沃斯特岛相邻，是南海湾群岛中人口最多、最吸引游客的一个岛。盐泉岛成为很多人退休后或"隐居"的理想居住地，越来越多的艺术家、作家、退休老人以及怀揣各种梦想的人来到盐泉岛，这里已经成为很多人心目中最适合定居的地方之一。盐泉岛的创意产业十分发达，被称为北美最佳创意小镇之一。

盐泉岛上有大小不一的渔村和小镇，其中最有魅力的还得数恒河小镇，这里聚集了很多艺术家、各类餐厅以及酒吧、咖啡厅，当然也有出售各种手工艺品的小店，而每周六举行的户外集市更是购物的好去处。这里的海岸很适合冲浪滑板，爱好海上运动的人在这里绝对可以找到自己喜欢的项目。此外，在拉克省立公园也有很多适合露营、钓鱼及徒步的地方。

▶▶ 来往交通

By CKGolfSolutions

去往盐泉岛需要从温哥华乘坐渡轮，渡轮会停靠在长港(Long Harbour)，这个港口位于盐泉岛的东岸，离岛上最大的恒河镇不远。岛上有四通八达的公共交通系统，覆盖了盐泉岛各个村镇的大街小巷。

Ganges也是盐泉岛的游客中心，在这里可咨询各种旅游信息。

游客信息中心：121 Lower Ganges Road 1.866.216.2936

▶▶ 经典景点

麦斯威尔山

麦斯威尔山(Maxwell Hill)是盐泉岛最受欢迎的景点之一，位于盐泉岛的中央位置，可以顺着山路一路驱车直达山顶。登上山顶，海湾群岛(Gulf Islands)、福佛港(Fulford Harbour)以及远近的大小岛屿一览无遗，这里可以说是盐泉岛最佳的观景平台。

恒河镇

恒河（Ganges）镇是岛上最著名的景观，位于盐泉岛的中央位置，是岛上餐厅、酒吧和咖啡馆最为密集的地方，这里聚集了大量艺术家以及由他们经营的特色小店及书店，每周六镇上还会举办户外"创意集市"。

By hellomike

拉克省立公园

盐泉岛的另外一个著名景点是拉克省立公园（Ruckle Provincial Park），非常适合露营、钓鱼及徒步。在沿着海岸线的地方，很适合搭起帐篷，夜里可以伴着太平洋的微风，在涛声中徐徐入睡。除此之外，农庄也是拉克省立公园内参观的重点，由于拉克省立公园是不列颠哥伦比亚省历史最悠久的公园，里面还有很多至今仍在耕种的农庄。

▶▶ 餐饮美食

盐泉岛农牧业比较发达，共有225个农场，特色产品有羊羔肉、海鲜以及水果等，岛上的绵羊和生产的羊毛远近闻名，当地出产的羊肉和手工制作的奶酪也绝不可错过。美酒也是盐泉岛的一大特产。另外还推荐您到蛎鹬海鲜酒吧(Oystercatcher Seafood Bar & Grill)烧烤，去享受一下当地的新鲜海产。

By thebittenword.com

From official site

▶▶ 特色购物

恒河镇聚集着100多位艺术家，很多艺术家都有自己的工作室，作品琳琅满目，包括各类画作、手工艺品，如陶瓷、木雕、石雕等，还有手织艺术毛衣、饰品等。在夏季，每到周末，艺术家们会聚集在户外集市，展示和销售各类手工艺品。

另外，在市集上有很多当地的农场主和农夫会拿着自己生产的有机农产品来售卖。如果赶在秋季，葡萄园和生产奶酪的农场也值得一去，丰盛的有机农产品可以让你享用不尽。

浪漫之旅
——东南海岸

汇聚之地——多伦多(Toronto)

多伦多是加拿大最大的城市，坐落于安大略湖(Lake Ontario)西北岸，与美国的纽约隔海相望，城市当中有顿河(Don River)和汉波河(Humber River)两条河流，可以坐船穿梭其间。多伦多原是土著印第安人在湖边交易狩猎物品的场所，久而久之成为人口众多的聚集地，而"多伦多"在印第安语中就是"汇集之地"的意思。如今，多伦多凭借秀丽的景色和繁华的商业，成为北美最热门的旅行目的地之一。

多伦多是典型的移民城市，有一半以上的居民来自不同的国家，这也使其成为全球最多元化的都市之一，城市内分布有唐人街、希腊城、小意大利、韩国城等特色街区，展示着迥异的民族风情。丰富多彩的族裔特色、热情奔放的文化氛围，使得多伦多这个国际化大都市绽放出无穷魅力。

多伦多有享誉全球的名胜景点，比如有"现代奇观"之称的加拿大国家电视塔(CN Tower)，是目前

By SanGatiche

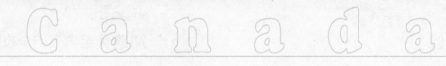

世界上最高的建筑之一；多伦多的演出市场也十分发达，被誉为继纽约、伦敦之后英语国家中排名第三的演艺都市，常年上演各种音乐剧、歌剧等。此外，还有精彩的体育赛事、国际性以及本土的节庆活动。饕客也可以得到满足，多伦多的7000多家餐厅提供了丰富多彩的民族风情美食。

加拿大是一个多元文化的国家，"民主"与"自由"在这里被认为是至高无上的权利。2003年多伦多成为北美第一个同性别婚姻合法化的城市。蒙特利尔、多伦多和温哥华是加拿大同性恋最突出的城市，在这些城市中，该方面的夜生活均纷繁活跃，更有各类出版物和众多的组织及资助团体。因此我们在享有言论自由的同时，要注意尊重别人的自由和权利。

气候特点

多伦多是加拿大最南端的城市之一，气候相对温和，一年四季都适合旅游。1月的平均气温为-6.7℃，7月为20.5℃。

春季——多伦多的春天非常舒服，当气温升到10℃以上时，可以沐浴在初春的阳光中。

夏季——多伦多夏季的气温在16℃~27℃之间，有时会上升至32℃~35℃，空气比较潮湿。尽管如此，室外的沙滩、公园以及街边咖啡座还是聚集了大量游客。

秋季——秋季，加拿大的枫树开始变红，漫山遍野都是红、橙、黄、绿的浓烈色彩。天气也开始变得凉爽，多以阳光明媚的晴天为主。

冬季——多伦多冬季并不特别寒冷，平均气温会在-8℃~1℃之间，世界依旧显得生气勃勃，这个季节多伦多会举办很多节日庆祝活动。

如果在冬天来多伦多，需要带上厚外套或大衣、防水靴子、手套和羊毛帽子。如果夏天来，宽松的薄衣服就最为舒服。一早一晚较为清凉，应该准备一件毛衣。

▶▶ 往来交通

航空

北京、上海两地都有加拿大航空公司提供的直飞多伦多的航班。其中，上海至多伦多夏季每周有7班，冬季每周有3班；北京到多伦多每日有直飞航班。从北京直飞多伦多的航程约需13个小时，上海直飞多伦多的时间在14~15个小时。

1、皮尔逊国际机场Pearson International Airport

皮尔逊国际机场位于市中心西北27公里处，共拥有2个航站楼——Terminal 1和Terminal 3，其中Terminal 1主要用于加拿大国内航班、国际航班及过境转机，中国乘客一般都在这里起降。皮尔逊国际机场是加拿大最大、最繁忙的机场，每天有1000多架次航班在此起降。

从机场到市中心的交通：

——机场快线 Airport Express

机场快线班车连接机场和市中心的主要酒店，高峰时期20分钟一班，非高峰时期30分钟一班。单程价格16.95加元；往返价格29.25加元。

免费咨询电话：800-387-6787

——快速公交 Express Bus

乘192路Airport Rocket快速公交在Kipling站下车乘地铁到达市中心，这种交通方式比较经济实惠。

——出租车及豪华轿车Taxis & Limousines

乘出租车或豪华轿车也可到达市中心，安全舒适，价格也比较固定，到市中心需要30分钟~40分钟，出租车费用在40加元左右，豪华轿车则需要45加元~55加元。

2、多伦多中心机场Toronto City Centre Airport

多伦多中心机场是一个小型机场，位于多伦多湖心岛(Toronto Islands)西端，从机场乘轮渡只需8分钟就能到达市区。这个机场主要服务地区性航空公司、直升机公司和私人飞机。

地址：60 Harbour St, Toronto, ON M5J 1B7
电话：001-416-2036942

铁路

联合火车站（Union Station）是多伦多最重要的交通枢纽，候车大厅是新古典式建筑风格，历史可以追溯到1858年。目前这里是维亚铁路客运公司在温莎—魁北克市(Windsor-Quebec)通道上的主要目的地之一；也是安大略北方铁路运营公司经营的北方人客运列车(Northlander)开往考昆(Cochrane)的起点；同时为旅客提供往返于美国各大城市之间的列车。此外，这里也提供往返于多伦多市区和郊区的车次。

地址：65 Front St. W. (at Bay St.) Toronto, Ontario M5J 1E6, Canada
电话：001-416-3934636

长途汽车

多伦多主要的客运公司有加拿大灰狗巴士公司(Greyhound Canada)和加拿大长途客运公司(Coach Canada)，能够提供往返于多伦多与安大略西南各城市之间的长途班车，向南则可以到达尼亚加拉瀑布、哈密尔顿(Hamilton)等地，向西到达萨德伯里(Sudbury)、苏圣玛丽(Sault Sainte Marie)、桑德贝(Thunder Bay)等地。

地址：610 Bay St. (**地铁**Dundas**站**)
电话：001-416-3937911

市内交通

多伦多的公交系统(Toronto Transit Commission 简称TTC)包括地铁、轻轨、公共汽车以及号称"红色火箭"的街车(Streetcar)。旅客只需买一次票就可在地铁、街车和公共汽车之间自由换乘，需要记住的是，首次购买车票时要拿一张转车证(Transfer)作为换车凭证。

票价：

[成人]	2.75加元(现金)，5张票(或票券)11.25加元；10张票(或票券)22.5加元
[老人/学生]	1.85加元(现金)，5张票(或票券)7.5加元；10张票(或票券)15加元
[儿童]	0.7加元(现金)；10张票(或票券)5加元
[日票]	9加元

地铁&轻轨

多伦多拥有加拿大的第一条地铁线路，首条地铁线路于1954年落成。目前多伦多共有4条地铁线(其中一条为轻轨)，分别为Yonge-University-Spadina线、Bloor-Danforth线、Sheppard线以及Scarborough RT轻轨线。

巴士&街车

多伦多市内的巴士线路遍布城市的各个角落，每天约有3000辆巴士运行。街车就是有轨电车，是多伦多人对电车的别称，而这个名字的确很贴切，因为在多伦多市中心的街道上随处可见这种红色有轨电车的身影。街车共有11条线路，停靠的站较多(通常每1~2个街区一站)，因此速度也相对较慢。街车的车头和车尾都标有行车线路和停靠的站名。

>> 经典景点

加拿大国家电视塔(CN Tower)

By TheWarners

加拿大国家电视塔不仅是多伦多的地标建筑，也是整个加拿大的重要象征，是加拿大人的骄傲。

电视塔最上面有一个4层的观景台，其中距离地面342米高的一层铺设了一大块玻璃地板，踩在上面可能会让胆小的人惊心动魄，不过透过玻璃地板俯视脚下小如蚂蚁的车辆人群，实在是一件奇妙的事情！如果不想太过刺激，可以去同一层的露天观景台，凭栏远眺，俯瞰多伦多全景。再上一层也就是346米高的地方有一个室内观景台，可以在这里的地平线咖啡厅(Horizons Cafe)小坐一下。再往上351米高的一层，就是曾获得设计大奖的360度旋转餐厅(360 Restaurant)，餐厅的地板每72分钟旋转一周，用餐的顾客可以边用餐边欣赏多伦多的360度全景。

地址：301 Front St. West

交通：地铁Union站下车

价格：第一层瞭望台：成人10加元，老年人17加元，4~12岁儿童14加元；
　　　"空中甲板"每人加收5加元

开放时间：6月下旬~9月上旬9:00~24:00(周日至22:00)；
　　　　　9月中旬~6月中旬周一至周四10:00~22:00，
　　　　　周五、周六10:00~23:00

多伦多动物园(Toronto Zoo)

　　多伦多动物园坐落于东部美丽的红河谷(Rouge Park)内，动物园内有5000多种动物，包括如西伯利亚虎、雪豹等珍稀物种。这里有面积达30英亩的非洲园(African Savannah)和北美最大的大猩猩雨林馆。园内提供电动游览车，游客可以在感兴趣的区域下车。动物园还可以提前预约导游，并提供集体野餐的服务。

地址：Meadowvale Rd., carborough
交通：地铁Bloor-Danforth线，在Kennedy站下车，然后乘公交No.86A向北
价格：门票成人19加元，学生13加元，4~12岁儿童11加元，3岁以下免费。
开放时间：夏季每天9:00~19:00
　　　　　春天和秋天每天9:00~18:00
　　　　　冬天9:30~16:30
(注意，关门前一个小时是最后的进入时间)

卡萨罗玛城堡(Casa Loma)

　　卡萨罗玛城堡建于1911年，是加拿大最早的古堡，由富有的金融家亨利拉特男爵(Sir Henry Pellat)修建，在西班牙语里的意思是"山丘上的城堡"。

By skinnylawyer

古堡内有98间装饰华丽的房间，内有长达270米的幽深隧道，还有隐蔽的暗道，高高的塔楼也极具神秘感。城堡配有规模庞大的马厩、典雅的温室花房和一个面积5英亩的花园，花园依山而建，每逢鲜花盛开的季节都会对游人开放。

地址：1 Austin Terrace

电话：416-923-1171

安大略美术馆(Art Gallery of Ontario)

安大略美术馆简称AGO，是加拿大3个最著名的美术馆之一，另外两个分别在渥太华和蒙特利尔。这个美术馆最著名的藏品是英国雕刻家亨利摩尔的作品，馆藏的亨利摩尔作品主要是20座雕像，正门外那座供儿童攀爬的巨大青铜像也是其中之一。

安大略美术馆曾于1993年重新装修，之后新开了30个陈列室。馆中收藏的还有杜菲、玛格丽特等人的现代艺术作品及毕加索、梵高、七人社团、因纽特人的作品。

地址：317 Dundas St.West

电话：416-979-6648

安大略皇家博物馆(Royal Ontario Museum)

安大略皇家博物馆是加拿大最大的博物馆，拥有大量收藏品，类别可分为自然科学、动物生态、艺术及人类

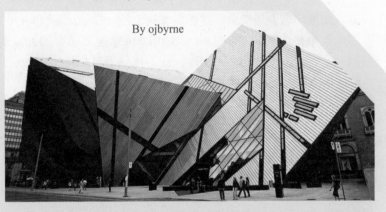

By ojbyrne

学等。这里典藏着大量的中国艺术品及文物，可算是中国本土以外最丰富的中国文物收藏地，此外还有大量希腊、埃及、罗马的收藏品，比如著名的埃及木乃伊，在这里就可以看到。

地址：100 Queens Park

交通：**地铁**Museum**站下车**

电话：416-586-8000

By Tomato Geezer

新市政厅(The New City Hall)

多伦多的新市政厅除了是市政府的办公场所之外，还是著名的旅游景点。市政厅门前的弥敦菲腊广场也是深受市民喜爱的公共娱乐场所，这里经常举行免费音乐会，每年的新年晚会就会在广场上举行。广场上还有个巨大的浅水池，夏季吸引人们纳凉，冬季则又变成溜冰场。

地址： 100 Queen St. West
交通： 地铁Queen站下车
电话： 416-338-0338
开放时间： 周一至周五8:30~16:30

唐人街(Chinatown)

多伦多的唐人街聚集了来自新加坡、越南等国及中国香港、台湾等地区的华侨，如果怀念中华美食，这里是首选之地。Spadina和Dundas街交汇处附近有两个大型华人购物中心——文华中心和龙城商场，每天车水马龙、十分热闹。

地址： Spadina和Dundas街交汇处
交通： St. Patrick地铁站出来后，转乘西向街车
电话： 416-363-6671

约克古堡(Historic Fort York)

约克古堡由英国人于1793年建造，1870年加拿大独立时，英国军队将古堡移交给加拿大军队。约克古堡现已被列为国家级历史遗迹，成为多伦多著名的旅游景点，平时会有毛瑟枪射击、士兵操练和军乐表演等。

地址： 100 Garrison Rd. Toronto, Canada M5V 3K9
交通： 地铁Bathurst站下车
电话： 416-392-6907
价格： 成人6加元；学生3.25加元
开放时间： 6月~8月10:00~17:00；9月~次年5月10:00~16:00

高地公园(High Park)

在离市区Bloor大街西段很近的地方，有一大片幽静的绿地，这就是高地

公园，公园面积达141万平方米，是多伦多人散步休闲的好去处。夏季的周末总有很多人聚集在草坪上享受日光浴，或在大树下乘凉；冬天人们则聚集在这里滑冰。公园内还有一个免费的动物园供人们游览。

By mark.watmough

地址：1873 Bloor St West, High Park, Toronto
交通：地铁High Park站下车，或乘电车501、506、508路也可到达
电话：416-392-1111
价格：免费
开放时间：常年开放

湖滨区(Lake Side)

湖滨区很适合游人漫不经心地闲逛，可以对湖边的豪华公寓品头论足，或逛一逛Queen's Quay码头附近的特色小店。湖滨中心(Harbourfront Centre)有不少剧场和画廊，如首演舞蹈剧院(The Premiere Dance Theatre)，名为"发电厂"(The Power Plant)的现代艺术画廊。沿湖岸还有一条步行街(The Martin Goodman Trail)，时间充裕的话可以逛逛沿途的画廊和手工艺品店。
地址：Queen's Quay街介于Bathurst街和Jarvis街之间的一段

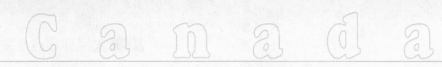

湖心岛公园(Centreville Amusement Park)

乘搭渡轮可以到达中央岛上的湖心岛公园,这里是郊游野餐的好去处,非常受多伦多人的欢迎,特别适合带着小孩子去游玩。湖心岛公园备有30多款机动游戏及节目,有超过14个小吃摊位,老少咸宜。公园并不是常年开放,一般是于6月至9月每天早上10:30开放,其他月份的周六和周日,在天气许可的情况下也会开放。

地址: Toronto Islands84 Advance Rd., Toronto, Ontario M8Z 2T7

轮渡电话: 416-203-0405, 416-234-2345

古酿酒厂区(The Distillery Historic District)

By ayustety

这个古老的酿酒厂建造于19世纪,以酿造味道纯正的啤酒著称,后来经过一番改造,形成了包括酒吧、餐厅、画廊、手工艺品商店、杂货店等在内的主题园区。如今,这里还可以看到旧时酿酒厂的机械设备以及巨大而古老的厂房,很有历史气息。这里有一家巧克力店值得推荐,据称是多伦多最好的巧克力店,当然,作为酿酒厂区,这里出售新鲜现轧啤酒的小作坊也不容错过。

地址: 55 Mill St

电话: 416-367-1800

黑溪先祖村(Black Creek Pioneer Village)

黑溪先祖村始建于1816年,原属于宾夕法尼亚荷兰家族,后来又从别处搬来约30幢19世纪的乡村建筑,共同构成了现有的黑溪先祖村。村内有厢房、庭院、磨房、酒馆、谷仓、教堂、学校、鞋铺、铁匠炉、牲口棚等，真切再现了180多年前的村庄原貌。此处还有身穿19世纪服装的男女"村民"进行纺织、打铁、缝纫等表演，使游客恍惚回到了100多年前的古老农村生活。

By Bobolink

地址：1000 Murray Ross Pkwy, Toronto

交通：地铁Finch站下车，换乘60路巴士在Steeles Ave站下车

电话：416-736-1733

价格：成人11加元；5~14岁儿童7加元；学生及老年人10加元

开放时间：5~12月每天10:00~16:00

➤➤ 餐饮美食

多伦多的餐饮同样呈现多元化的特色，遍布全市的7000多家餐厅提供来自世界各地的精美菜肴，无论你喜爱何种口味，多伦多都能满足。其中，法国菜、希腊菜凭借精湛的烹饪技艺，成为多伦多比较具有代表性的菜式。多伦多还是亚洲某些城市以外华人最多的城市，因此有大量水准一流的中国菜馆，味道十分正宗，在Spadina Ave和

By ayustety

University Ave一带可以找到很多中国餐厅。同时，多伦多还零星分布着一些印度餐厅和意大利餐厅，其独特风味也值得一试。

Susur

著名厨师Susur Lee是这家餐厅的灵魂人物，他能将欧洲、新大陆及亚洲等地的美食进行奇妙的组合，并配上充满想象力的酒单，带领客人在餐桌上体验奇异的美食之旅。

地址：603 King Street West, Toronto, Ontario, Canada M5V 1M5

电话：416-504-7867

Morton's the Steakhouse

推荐餐厅主营的顶级牛排，肉汁鲜美，搭配高级餐酒，令人垂涎欲滴，饭后别忘了点一下这里的精致甜品。

地址：4 Avenue Road, Toronto, ON, M5R2E8

电话：416-925-0648

Auberge du Pommier

这家餐厅在多伦多名列前十，主营法国菜，并提供超过500种美酒。餐厅装饰十分特别，宛若乡村木屋。冬季壁炉中燃着温馨的炉火；夏季餐厅花园的露台开放，可以享受户外的习习凉风。

地址：4150 Yonge St. & York Mills

电话：416-222-2220

Oro

这家餐厅提供一流的意大利美食，炉烤海鲈、野生蘑菇小方饺、金枪鱼生鱼片都不可错过。餐桌以鲜花点缀，墙壁上悬挂着现代主义画作，环境舒适而优雅。

地址：45 Elm Street, Toronto ON

电话：416- 597-0155

Le Commensal

这家餐厅环境随和，像食堂般平易近人，主营素食，提供新鲜沙拉、大众口味的主食和带枫树糖浆或水果糖浆的原味甜点。

地址：655 Bay Street

电话：416-596-9364

ariachi's Mexican Restaurant

这是一家墨西哥餐厅，特色菜有墨西哥玉米煎饼(burritos)、香辣玉米饼(enchiladas)及特色烧烤等。

地址：2084 Yonge Street, Toronto, ON, M4S1Z7

电话：416-481-7111

Asteria Souvlaki Place

这是一个家庭餐厅，环境温馨，菜品以希腊菜为主，菜肴多以鸡肉为主。

地址：292 Danforth Avenue, Toronto

电话：416-466-5273

川菜馆(Szechuan)

这家餐厅主营中国川菜，口味以辛辣为主，此外，还提供一些中国传统菜肴，如北京烤鸭及一些家常菜。

地址：100 King Street West, Toronto, ON

电话：416-800-1370

鲤鱼门餐厅(Lucky Dragon Restaurant)

这是一家中国餐馆，主营各种家常菜。

地址：418 Spadina Avenue, Toronto, Ontario

电话：416-598-7823

By Jim Crocker

>> 当地住宿

作为加拿大第一大城市和著名旅游城市，多伦多拥有多种住宿选择，从位于市中心的不同档次的星级酒店，到温馨实惠的家庭旅馆及路边的汽车旅店，多种住宿设施一应俱全，还有适合年轻背包客的青年旅舍，以及户外宿营地等。

The Hazelton Hotel

具有欧洲风情的酒店，坐落于多伦多市中心的Yorkville区，毗邻Bloor街，价格不菲。酒店房间由世界著名的室内设计公司Yabu Pushelberg设计，以顶级气派和精巧设计而著称。配有顶级餐厅，享誉全城的行政总厨Mark McEwan亲自搭配精美菜肴，为酒店宾客提供24小时的餐饮和美食服务。

地址：118 Yorkville Avenue, Toronto Ontario, M5R 1C2 Canada

电话：416-963-6300

价格：**高级房间**450加元；**豪华房间**475加元；**奢华房间**525加元

Four Seasons Toronto

酒店同样位于市中心最为繁华的Yorkville区，邻近安大略皇家博物馆，交通便利。酒店共拥有380间豪华的客房，两家华丽的餐厅和两间休息室，曾吸

引多位好莱坞明星在此下榻。

地址：21 Avenue Road, Toronto, Ontario, Canada M5R 2G1

电话：416-964-0411

价格：双人间255加元起；高级房间328加元起；套房510加元起

Rainbow Accommodation Center of Toronto

位置临近401高速公路入口，与肯尼迪地铁总站(Kennedy Subway Station)相邻，交通便利。酒店位于高档别墅区内，环境优美、治安良好。

地址：47 Treverton Drive, Toronto, Ontario, M1K 3S5, Canada

电话：416-999-5678

价格：单人25~35加元；两人家庭30~40加元

翡翠园家庭旅馆(Emerald Garden Family Hotel)

位于多伦多士嘉堡南，交通及购物都很便利。紧邻安大略湖，空气清新，可随时欣赏湖光山色。

地址：20 Gatesview Ave.

电话：647-202-2574

价格：单人客房25加元；夫妻客房30加元；家庭客房35加元

加拿大背包客旅店(Canada Backpackers Inn Hostel)

旅店位于著名的娱乐区，交通便利，靠近市内各个著名景点，周边有很多购物场所及娱乐设施。

地址：42 Widmer Street, Toronto, Ontario, Canada, M5V 2E9

电话：416-598-9090

价格：床位22~28加元；双人间50~65加元

背包客地球村旅舍(Global Village Backpackers)

位于市中心，原名Spadina Hotel，旅舍有自己的酒吧，人气极旺，著名的Jack Nicholson和The Rolling Stones乐队都曾在这里住宿过。

地址：460 King Street West, Toronto, On, Canada, M5V 1L7

电话：416-703-8540

价格：床位27~30加元；双人间72加元

▶▶ 特色购物

多伦多汇聚了各种特色的商品，从最潮流的时装到另类黑胶唱片，应有尽有。购物场所也十分多样，除了购物中心和百货商店，还有各种不同风格的服装店、个性商铺和集市，分布在市区的各个角落。最著名的购物街是Bloor

Street和Yorkville Ave这两条大街，这里云集了各种欧洲名牌时装店。Queen Street West也有许多流行时装店，还有不少古董店，收藏爱好者不可错过。如果遇上糟糕天气，可以走进地下，长达27公里的PATH地下商场也同样让你逛个痛快。

购物街

布洛—约克维尔(Bloor–Yorkville)是高档购物区，有多个专营设计师品牌的商店，可提供私人专享的购物服务。位于布洛大街上的William Ashley是一家有悠久历史的精品店，出售精美瓷器、水晶和银器等。

皇后西街(Queen Street West)深受时尚人士欢迎，有众多波希米亚风格的店铺，还有最时尚的服饰店和风格前卫的餐厅、画廊及古董店。

By dbking

国王东街(King Street East)上的老城区(Old Town)则更具典雅气息，分布着多家家居饰品店铺、画廊及设计师作品的专营店，还有一个有两百年历史的圣劳伦斯市场。

商场购物

多伦多大型购物商场林立，市中心的伊顿购物中心(Eaton Centre)设计豪华、品类繁多。约克岱尔商场(Yorkdale Mall)主打高档服装，Dixie名牌直销中心和旺妙斯购物中心(Vaughan Mills)有许多特色店铺。多伦多西部的第一广场(Square One)是整个安大略省最大的购物中心，而位于万锦市(Markham)的太古广场(Pacific Mall)是多伦多最大的华人商场。

PATH地下购物城

假如天气情况不大理想，也可以去地下商场PATH逛逛，这里有超过1200家店铺，包括商店、餐厅和美容院等众多设施。

By Tomato Geezer

一般所有商店星期天都不营业。

>> 娱乐活动

多伦多是国际化的戏剧、舞蹈、音乐和演艺中心，200多个戏剧和舞蹈团体每年在此上演上万场剧目。东至Yonge街，西至Spadina大街，北达Queen West大街，南面一直到Queens Quay West大街，是多伦多传统的娱乐区，云集了多伦多最好的剧院、酒吧和舞厅，在这里你可以欣赏到各种风格的音乐演出，流行、摇滚及爵士乐，传统的城中城喜剧、音乐剧，以及世界一流的音乐会。

有关多伦多的文艺活动，周四的《多伦多星报》(Toronto Star)、周五的《多伦多太阳报》(Toronto Sun)、周六的《环球邮报》(National Post)以及每周四上市的免费周刊《Now Magazine》，都会有详细的介绍。

多伦多是英语世界中的第三大演艺中心，聚集了180个职业剧团，包括盈利、非盈利及晚宴剧团，多伦多有70多家剧院，演出音乐、舞蹈、戏剧，这些演出活动每年可吸引700万名观众。多伦多剧院主要分布在3个区域：

市中心区——多伦多著名的剧院均集中于此。O'Keefe Centre是其中最大的一家，可容纳3000名观众，是加拿大国家芭蕾舞剧团及加拿大歌剧团的常规演出地；Roy Thomson则是多伦多乐团的演出之家；Royal Alexandra及Princess of Wales剧院由名人马维氏所建，主要演出流行歌舞剧；Elgin、Winter Garden及Pantages剧院是多伦多历史最悠久的剧院；另一具有历史意义的Massey Hall，也同样位于市中心区。

巴佛士街——Bathurst一带的剧院主要演出现代剧，且票价便宜。每个周日下午，这些剧目的票可以由观众随意出价（Pay-What-You-Can）。如果想欣赏加拿大本地剧作家的剧目，可以去Tarragon和Factory剧院。

市中心东部——这里的Young People's Theatre主要上演轻松喜剧，大多为各种老少咸宜的剧目；Canadian Stage以演出新剧目为主，Theatre Centre East则主要演出实验剧目。

By Collective Encounte

多伦多剧院的票价从8加元到40加元不等，22加元为平均票价，而流行的歌舞剧票价则高达40加元到90多加元。市中心的伊顿中心，出售当日演出的半价票，包括音乐、舞蹈和戏剧等演出的票。

▶▶ 节庆活动

多城冬日节(Toronto WinterCity Festival)

By meaduva

多伦多冬日节为期14天，内容丰富多彩，如免费演出、艺术展等，还有大量美食可以品尝。在这两个星期里，全国各地的创意人才和才华横溢的表演者都聚集于此，充分展示多伦多作为世界级旅游城市的魅力所在。

时间：1月
地点：多个地点

冬日美食节(Winterlicious)

冬日美食节有很多餐厅参与，是品尝多伦多顶级餐厅美味的好机会，节日期间，多家多伦多顶级餐厅都会推出一个三道菜式的特价餐，大家可以在午餐或晚餐期间以十分优惠的价格享用。

时间：1月
地点：多家餐厅

多伦多美酒佳肴展(Toronto Wine & Cheese Show)

多伦多美酒佳肴展是加拿大同类型展览之中规模最大的，除了展出精选美酒佳肴——由多家顶尖餐厅提供的美味啤酒、麦芽威士忌、葡萄酒等，该展览还汇聚了各种美酒资讯、讲座，以及备受业界推崇的餐酒及啤酒酿制比赛。

时间：4月
地点：International Centre(Hall 5入口)—6900 Airport Rd.

加拿大国际纪录片电影节(Hot Docs)

Hot Docs加拿大国际纪录片电影节，是北美洲同类电影节中规模最大的。

时间：4月
地点：多个地点

多伦多市中心爵士音乐节(Toronto Downtown Jazz Festival)

多伦多有着浓厚的爵士乐文化,该音乐节每年都能吸引到世界上一些顶尖爵士乐手到此演出,届时整个多伦多都迷醉在音乐当中。

时间: 6月

地点: 多个地点

加拿大国家展览会(Canadian National Exhibition)

每年一度的展览会有着狂欢节一样的热闹气氛。在National Trade Centre举行的International Marketplace,馆内云集全球各地的特色商品;Midway设置了很多紧张刺激的游戏设施;还有马戏团的马术表演及小狗竞技表演。展览会的高潮则是飞行表演。

时间: 8月

地点: Exhibition centre

魅力首都——渥太华(Ottawa)

渥太华(Ottawa)是加拿大首都,联邦政府的所在地,渥太华成为首都的历史并不悠久,但丝毫不影响它作为加拿大文化政治中心的地位,而整座城市又有别于其他国家首都的喧闹或严肃,显示出更为柔美的气氛。每到春天,这里的大街小巷都是盛开的郁金香,整座城市也跟着生动起来。

By ilkerender

By Dougtone

国会大厦(Parliament Building)的绿铜屋顶、连绵不断的枫叶林、香气四溢的郁金香花园、殿堂级的艺术馆以及轻松的露天茶室，都为游客所津津乐道。

▶▶ 气候特点

渥太华四季分明。春天通常于4月来临，为期短暂。随即就是阳光充沛的夏天，炎热而潮湿，经常有雷雨天气。秋天多半清凉舒适，但同样短暂。渥太华基本上会在11月底迎来第一场雪，而雪季会延续至次年4月中旬。

渥太华年平均气温5.7℃，位于世界年平均气温最低首都的第五位，冬天极为寒冷，绝对最低气温-36℃，在世界绝对气温最低的首都中排第三名。

> 渥太华每年约有8个月夜晚温度在零度以下，故有人称其为"严寒之都"。如果在夏天来到渥太华，可带一件毛衣或外套。冬天适用的衣服，包括防水靴子、厚大衣或连帽外套、温暖的围巾和手套。

▶▶ 来往交通

航空

渥太华国际机场位于渥太华市中心南10公里处，开通了通往国内北京、上海和香港的航班，还有连通加拿大各大城市的航线。

从渥太华国际机场到达市区可乘坐机场大巴，从早5:00至最后航班每隔30分钟运行一次。到市内约需20分钟，单程车票9加元，往返车票14加元。机场外有47路公共汽车前往市区，2元3角加元。还可选择乘坐出租车，不过价格较贵。

铁路

渥太华有连通蒙特利尔、魁北克和多伦多等地的铁路线，从蒙特利尔至渥太华每日平均3~4趟班车运行，所需时间2小时10分。从多伦多至渥太华每日平均2~4趟班车运行，所需时间4小时20分。

如果你选择乘坐火车往返多个城市，可考虑加拿大VIA铁路推出的国家铁路卡(CANRAILPASS)，持卡人可在有效期内无限次乘坐加拿大VIA铁路各线列车的经济车。

长途客运

渥太华的长途客运主要由Voyageur Colonial Bus运营，旗下班车运行于多伦多、蒙特利尔、金斯敦和渥太华之间。从多伦多出发约每日10次，所需时间4小时30分，与蒙特利尔之间的班车每小时大约发1次，所需时间2小时30分。

市内交通

渥太华公共汽车牌有不同颜色，用以区分不同路线。车票一般为1~2加元，投币后拿取转车票(transfer)，可凭票在有效时间内无限次换乘同方向的公交，普通转车票限时1个半小时左右使用。或可购买日票或月票，可以在同一天或一个月内随意乘车和转车。批量购买车票能够更加便宜，普通票一般7元5角加币/10张，日票每张5加元。

乘坐公交到站前可拉车窗旁的铃表示下车，否则司机可能不停车，尽量不要在车上吃东西。

▷▷ 经典景点

加拿大国家美术馆(National Gallery of Canada)

加拿大国家美术馆位于渥太华市中心，是一个历史悠久的美术博物馆。馆内收有加拿大及欧洲最宝贵的艺术品。除了画作和艺术品展出，博物馆还将音乐及表演作为一种艺术品展出，如钢琴演奏、管弦乐器的表演、声乐家的歌唱表演等。馆内还设有图书室及专业解说。

By Jen's Art & Soul

门票： 免费参观，特别展需交费

开放时间：5月1日~10月9日10:00~18:00

10月11日~4月30日周一、二休息，周三~周日10:00~17:00，周四10:00~20:00

除圣诞节、新年和一些特殊节日外全年开放。

国会大厦(Parliament Building)

国会大厦(Parliament Building)是一系列铜绿屋顶的哥德式建筑，在此可以俯瞰渥太华河。清晨，可以在国会大厦前观看到皇家禁卫军的换岗操练仪式。夜晚，国会大厦前的广场上，经常会举办篝火晚会，人们在热闹的音乐声中享受愉悦心情。

门票： 免费

开放时间：6~8月9:00~20:30

9~5月9:00~16:30

周末9:00~17:30

加拿大战争博物馆(Canadian War Museum)

By reziemba

加拿大战争博物馆是加拿大最大的收藏有关战争物品和资料的博物馆，也是世界上最大的战争物品收藏场馆之一。博物馆于2005年刚刚开放，展品有当今最先进的武器设备及装备，也有印第安人早期防御战的武器，还有第一、二次世界大战的武器、军服，和海陆空三军战备的实物展出，包括飞机、坦克、子弹以及战争中的急救医疗用具。

博物馆内有8个厅，陈列主要展品的有4个厅，其中"第二次世界大战"展厅最值得一看，有两幅大银幕放映着二战期间欧洲战场和亚太战场的一些真实场面，十分震撼。博物馆的建筑风格也很独特，整体建筑酷似一艘整装待发的战舰。

交通：3路市内公共汽车

门票：2.5加元

开放时间：9:30~17:00(周四到20:00)

10月9日~4月30日闭馆

里多运河(The Rideau Canal)

By Olivier Bruchez

里多运河由渥太华一直通向京士顿，全长202公里，是19世纪工程技术的奇迹之一。当年的运河施工现场如今已被改造为拜城博物馆，展出关于运河和渥太华历史的物品和资料。美丽的里多运河横贯全城，是渥太华重要的旅游资源，春、夏、秋三季均可乘船游览观光，冬季则成了冰上运动的热门场所。每年的渥太华冰雪节(Winterlude)就在结冰的里多河上举行，届时，穿着鲜艳滑冰服的人群汇聚于此，共享节日欢乐。

交通：1~7、14、16、18路市内公共汽车。

拜尔德市场(ByWard Market)

拜尔德市场是加拿大最古老的公共市场之一，在这里游客可以找到各色咖啡馆、食品店、精品店、画廊、餐馆、理发和美容店等，就餐、购物一应俱全。如果你愿意起个大早，则可以在黎明时分到达这里，看看摊贩们在室外布置他们的摊点，看看晨曦中的新鲜蔬菜、水果、鲜花以及杂货和工艺品，一切都显得那么生机勃勃。

By daryl_mitchell

加蒂诺公园(Gatineau Park)

风景如画的加蒂诺公园有大片森林和美丽的湖泊。这里是东安大略鸟类和动物的天堂，游客可以看到白尾鹿、松鼠、豪猪、兔子、狐狸、浣熊、土拨鼠等野生动物。除此之外，还可以参加骑车、长途步行、野营、游泳、探密拉斯克洞、越野滑雪和山坡滑雪等户外活动，如果是秋季，还能够欣赏沿途斑斓的景色。

By jpctalbot

By daryl_mitchell

加拿大皇家铸币厂(Royal Canadian Mint)

加拿大皇家铸币厂建立于1908年，总部是一座城堡式的古老建筑。这里设计和制作所有精美的铸币模版，这些模版用于铸制流通硬币及纪念币，游客可以在这里欣赏黄金的提纯法和先进的工程技术。加拿大皇家铸币厂不仅生产所有加拿大的流通硬币，还为其他国家制造货币。这里陈列着超过100万加元的黄金，商店还出售各种礼品、珍藏品和纪念品。

贴
小士
tips

博物馆通票：只需在任意一个旅游问询处购买20加元的博物馆通票(Montreal Museum Pass)，就可在两天内随意参观可用通票的25家博物馆。

▶▶ 餐饮美食

渥太华餐馆提供世界各地的美味佳肴，拜尔德市场就是一个就餐的好去处，法国大餐、英国小吃及希腊、加勒比海、越南和印度等地的特色菜，都可以在这里品尝到。

欧式烹饪：渥太华曾是法国的殖民地，与法国文化一脉相承，因此也成为法国厨艺的天堂。游客可以到法国餐馆享受浪漫的烛光晚餐。

加拿大风味：渥太华的本地菜肴同样值得期待，你可以品尝从大西洋三文鱼到亚伯达牛肉在内的加拿大美食，还可以到渥太华周围的农场品尝那里的绿色有机食品。

Beckta Dining & Wine

渥太华市内最好的餐厅之一，适合举行小型的私人宴会，不过价格不菲，推荐菜是龙虾沙拉。

地址：226 Nepean, Ottawa, ON K2P 0B8

电话：613-238-7063

Trattoria Italia

意大利风味餐厅，店内的菜肴全部由厨师精心烹制而成，面点也全是纯手工制作，风味独特。

By Steve Tolcher

地址：254 Preston St, Ottawa, ON K1R 7R4

电话：613-236-1081

Buffet des Continents

这是一家自助餐厅，提供种类非常丰富的食物，除周日外，12岁以下的儿童可以免费用餐。

地址：4 Gare Talon Gatineau, Quebec Canada J8T 0B1

电话：819-561-1099

Domus Cafe

餐厅环境清新，店内的菜肴主要以当季新鲜的蔬菜作为主要原料，口感十分清爽。店内的葡萄酒可以试试，它们是从厂家直接进货的，价格便宜，口感地道。

地址：87 Murray Street Ottawa, Ontario Canada K1N 5M5

电话：613-241-6007

⟩⟩ 当地住宿

渥太华有酒店、度假村、汽车旅馆、家庭旅馆和青年旅舍等各种类型的住宿设施。在渥太华市中心靠近国会山、加拿大战争博物馆和火花步行街市场附近，聚集了大量的酒店。

公寓套房旅店是渥太华很有特色的一个旅店类型，公寓套房配有睡房、厨房、壁橱、起居室、工作间、阳台，让你旅行在外有家的感觉，其价格并不比一般的旅馆房间高。

By mroach

Fairmont Chateau Laurier

酒店建于1912年，位于里多运河河畔，可在房间中欣赏运河美景。酒店的外观比较独特，融合了法国文艺复兴时期的建筑风格与新哥特式风格，是渥太华著名的建筑景点之一。

地址：1 Rideau Street Ottawa, ON K1N 8S7, Canada
电话：613-241-1414
价格：189加元/晚起

The Ottawa Marriott

酒店位于渥太华市中心地带，交通方便，周围有很多购物和餐饮场所。

地址：100 Kent Street Ottawa, Ontario K1P 5R7 Canada
电话：613-238-1122
价格：154加元/晚起

Richmond Plaza Motel

距离市中心仅几分钟，客房整洁舒适，价格也比较公道。

地址：238 Richmond Road Ottawa, ON K1Z 6W6, Canada
电话：613-722-6591
价格：69加元/晚起

HI-Ottawa Jail Hostel

这是一家青年旅社，聚集了很多世界各地的年轻游客，旅馆内床铺整洁，提供免费的无线网络。

地址：75 Nicholas Street, Ottawa

电话：613-235-2595

价格：床位为27加元/人/晚起；单人间为79加元/晚起

▶▶ 特色购物

渥太华最著名的购物场所是拜尔德市场(ByWard Market)，这里有各式的咖啡店、手工艺品店以及传统的农夫市场。若想购买有个性的特色商品，可以在市场内的威廉街(William St.)探索一下。购物之余，还可以在市场里品尝当地的风味小吃。

若要购买高级商品，推荐去渥太华规模最大的商场——里多中心(Rideau Centre)，这里有两家百货公司和230家精品专卖店，中心还提供银行、外汇兑换服务。

此外，加拿大最早的路边市场——位于国会山旁的火花街市场(Sparks Street Mall)也值得一去。街道两旁的商店多是由本地个体户经营，尽管规模普遍很小，但是商品种类十分多样，精挑细选的话一定会有惊喜。

By Gamma-Ray Producti

其他购物场所：

St. Laurent Centre

距离渥太华市中心仅几分路程，共有近200家商店在此落户，提供大量的免费车位，因此周末的时候人会很多。

地址：1200 St. Laurent Boulevard Box 199 Ottawa, Ontario Canada K1K 3B8

电话：613-745-6858

开放时间：周一至周六9:30~21:00；周日11:00~17:00

Bayshore Shopping Centre

渥太华市内另一家大型购物中心，以售卖各类名牌时装和饰品为主。

地址：100 Bayshore Drive Ottawa, Ontario Canada K2B 8C1

电话：613-829-7491

开放时间：周一至周六9:00~21:00；周日10:00~18:00

娱乐活动

渥太华的雷米湖娱乐场(Lac Leamy Entertainment Resort)可谓是加拿大的"小澳门"，这里有1800台老虎机、60张博彩台和各种刺激的游戏设施。同时，这里也是渥太华的演艺娱乐中心，拥有1000个座位的现代化剧院，每年吸引大量的世界级音乐家和歌舞剧表演艺术家来到这里，其演出水准可以媲美美国的百老汇。

总的来说，渥太华是一个相对安全的城市。需要注意的是：最好避免去Sussx Dr车道和King Edward Ave大道之间的Rideau街——白天这里拥挤着喷着烟雾的公共汽车和成群的上下班一族，而晚上这里又是流浪汉的最佳去处。友好的拜尔德市场(ByWard Market)很繁忙，深夜，有一些毒品和卖淫交易活动。

节庆活动

渥太华每年有60多个节日，国际公认的渥太华冰雪节(Winterlude)、加拿大郁金香节(Canadian Tulip Festival)，都是不容错过的盛会。

冰雪节(Winterlude)

如果冬天去加拿大，一定不要错过2月渥太华举办的冰雪节(Winterlude)，这也是北美地区最大型的冬季狂欢盛会，节日期间会有冰雕、游行烟花等节目。

时间：每年的2月
地点：里多运河
电话：613-232-1234

郁金香节(Canadian Tulip Festival)

渥太华郁金香花节的由来十分有趣，第二次世界大战期间，怀有身孕的荷兰女皇避居至渥太华，根据当时荷兰的规定，皇室继承人必须诞生在自己的领土上，为了解决这个难题，当女皇临盆时，加拿大政府宣布医院的所在地在当天归属于荷兰。二战结束，荷兰女皇回国后送来10万棵郁金香给渥太华作为谢礼。从此，郁金香在渥太华不仅象征了国际友谊，也成为节日的主角。

By elPadawan

时间：每年的5月5日~5月23日，主要展区在Carling南面的Dow's Lake。

浪漫之都——蒙特利尔(Montréal)

蒙特利尔(Montreal)坐落于加拿大渥太华河和圣劳伦斯河交汇处，是法国于1642年建立的殖民地，该市是典型的英法双语城市，也是世界上仅次于法国巴黎的第二大法语城市。因其浓郁的法国风情，被认为是北美的"浪漫之都"，也被称为是"北美的巴黎"。

By maha-online

蒙特利尔是加拿大的金融、商业中心和全国第二大城市，蒙特利尔的建筑融合了现代与传统的风格，有着优雅的历史气韵和现代化的艺术外观，这里的视觉艺术也十分发达，可以在蒙特利尔艺术博物馆、现代博物馆，以及数以百计的当地美术馆中看到许多艺术杰作。蒙特利尔哥特式教堂繁多，甚至超过了古城罗马，每跨一两个街区便可看到一个教堂，因此也被称为"尖塔之城"。

▶▶ 气候特点

蒙特利尔的春天来得较晚，通常到5月才有春天的气息，且为时短暂。春季平均温度约为19℃。

蒙特利尔夏季在6月~8月，平均气温在30℃以下。

秋天清凉怡人，9月平均温度约为20℃，夏秋两季是到蒙特利尔旅游的最佳季节。

冬季寒冷漫长，一般从11月起持续5个多月，夜间最低气温可达零下30℃，最冷的12月份平均气温在零下5℃左右。不过，蒙特利尔的冬季依然有很多乐趣，40多个滑雪场对于冬季户外运动爱好者来说是个不小的诱惑。

▶▶ 来往交通

航空

中国国内没有直飞蒙特利尔的航班，需在多伦多或温哥华转乘。由多伦多飞往蒙特利尔约需1小时，由温哥华飞往蒙特利尔约需5小时。蒙特利尔皮耶尔杜鲁道国际机场(Montreal–Pierre Elliott Trudeau International Airport)位于距蒙特利尔市区约20公里的多佛尔(Dorval)。

机场交通

机场巴士：每20多分钟发一班车，全程约半个小时，运营时间为每天7:00~次日1:00，车票单程9.25加元，往返16.75加元，机场大巴到达市中心后，可乘免费车辆到达各大酒店。

公交车：在机场乘坐204East公交到达多佛尔公车换乘站(Dorval Bus Transfer Station)后转乘211East公交到Lionel–Groulx地铁站，再搭乘地铁到达市区，公交和地铁运营到凌晨1点。

出租车：在机场搭乘出租车到达市区的车费为31加元，另需5加元左右的小费。

铁路

中央火车站(Central Station)位于伊丽莎白女王酒店附近。从蒙特利尔到渥太华的列车每天4班左右，票价为38加元；蒙特利尔到多伦多的列车每天6班左右，票价为90加元。

蒙特利尔VIA火车查询电话：(+1) 514 9892626，(+1) 800 3615390

Amtrak火车查询电话：(+1) 800 8727245

长途汽车

蒙特利尔与多伦多之间每日有6班长途班车，与渥太华之间每小时有1班快车，车程2小时左右，与魁北克市之间每小时有1班快车，车程3小时左右。

市内交通

蒙特利尔共有近200条公车线路，其中包括20多条夜间线路。蒙特利尔地铁和公交车票可以通用，单程车票价格为1.85加元/张。在蒙特利尔首次乘车可以在公车司机或车站自动售票机处拿取转车票，在有效时间内可无限次搭乘同向地铁或公车前往目的地。

游客可以在旅游中心、酒店或博物馆等地购买日票、3日票、周票或月

票，可在车票相应的有效时间内无限次搭乘地铁或公车，1日票5加元、3日票12加元、周票12加元和月票48加元。

蒙特利尔出租车起步价为2.25加元，按路程打表，可使用国际通行的信用卡付款。

乘坐蒙特利尔公车到站时，在车顶绿灯亮起后，碰触后门的黄色胶带，就可以开门。

经典景点

旧城区(Vieux–Montreal)

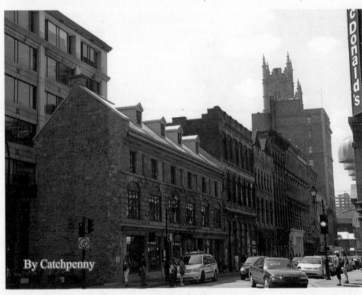

By Catchpenny

游览旧城区是蒙城旅游的经典项目，该区域东西以贝里(Berri)街和麦吉尔(McGill)街为界，南北以圣劳伦斯(St. Lawnce)河与圣杰雅克(St. Jacques)街为界，整片区域都位于圣劳伦斯河畔，300年前这里曾是繁忙的港口，如今以旅游业为主，汇聚了很多著名景点。

旧城区有着浓郁的古老欧洲风情，不时有装扮华丽的观光马车，在典雅的法国景观和古老城堡之间穿梭。

交通：地铁橙线PLACE—D'ARMES站出即到

卡第耶广场(Place Jacque Cartier)

卡第耶广场是享受异国风情的好地方。平时，卡第耶只是一个普通的市

场，但一到夏天，这里就
成了蒙特利尔最著名的鲜
花广场。夏季，盛开的鲜
花摆满广场的各个角落，
游客可以坐下来享受一下
悠闲时光，也可以买束鲜
花送给情人，花海当中，
还能碰到街头音乐家演
奏，或马戏团表演杂技。

交通：地铁Champ de Mars

From official site

多切斯特广场(Square Dorchester)

　　该广场位于蒙特利尔心脏地带的商业区中心，距离中央车站和温莎车站都
不算远，因而很多游客以这里为游览的起点。在广场北侧有旅游问询处总部
(Infotourise)，游客可以在这领取蒙特利尔地图及其他旅游资料。广场以北是
圣凯瑟琳大街，是购物的好去处，有伊顿和辛普照森等几家大百货公司。广场
东南角是世界女王玛丽大教堂(Cathédrale Marie Reinedu Monde)，建于1894
年，仿照梵蒂冈圣彼得大教堂而建。

蒙特利尔地下城(Underground City)

　　蒙特利尔地下城建于1960年，是世界上规模最大的地下城之一。在严寒
中生存下来的蒙特利尔人具有丰富的应对严寒的经验，比如高超的除雪方法和
各种冰上运动，地下城正是这一智慧的体现。这里原是蒙特利尔人用以避寒的
避难所和地道，后来被改造成地下城。这个地下城布局错综复杂，面积达300
万平方公尺，有29公里长的步行街道，并连接多条地铁线、两座火车站。地
下街北与玛莉亚城广场(Place Ville-Marie)相接，东与波那凡仕、南与加拿大
广场相连，温莎车站就在加拿大广场南侧。

地址：主要集中于市中心
交通：集中于橙、绿两条地铁线路上

诺特丹圣母大教堂(Basilique Notore-Dame)

　　诺特丹圣母大教堂建于1829年，是北美地区最大的教堂，位于达尔姆广
场(Place D Armes)对面，是一座新哥特式天主教堂，可容纳5000人。这座教
堂西边的塔上还挂有北美最古老的巨大时钟。教堂外观宏伟壮观，高耸的塔尖
营造出神圣气息，内部则多彩绚烂，极开阔的大厅有着蓝色的天花板，四周是

From official site

新哥特式建筑的标志性装饰——彩绘玻璃。教堂内还设有一个宗教博物馆，展示有关宗教的书籍、艺术品、祭服以及精美的银器等。

地址： 110 rue Notre-Dame ouest, On Place D Armes
交通： 地铁Place D Armes
门票： 15加元
开放时间： 周一至周五8:00~16:30，周六8:00~16:15，
周日12:30~16:15，做弥撒时不开放

圣约瑟夫教堂(Oratoire St-Joseph)

圣约瑟夫教堂建于1904年，坐落在蒙特利尔皇家山(Mont Royal)，是世界最著名的朝拜圣坛之一。历史上，教堂的安德鲁修士曾用灯油医治了无数信徒，使得该教堂成为朝圣的热门目的地，每年接待来自世界各地的近百万信徒和游客，教堂的展厅现在还能看到病人被治愈之后留下

By Naufragio

的拐杖等物品。

　　整座教堂气势恢弘，号称世界第二大圆顶教堂，圆顶高达97米，仅次于罗马的圣彼得堡大教堂。整座建筑高达150米，是蒙特利尔最高的建筑，教堂分上下两层，共有4000多个座位。到达教堂顶层需乘坐电梯，在那可以俯瞰全市风景。

地址： 3800 Chemin Queen Mary

门票： 免费，但须捐赠物品

开放时间： 7:00~20:00

蒙特利尔塔(Montreal Tower)

　　蒙特利尔塔是欣赏市区全景的理想去处，不论是蜿蜒远去的圣劳伦斯河(St. Lawrence River)，还是市中心林立的摩天大楼，登上塔顶都可尽收眼底。如果赶上晴朗天气，80公里外的劳伦斯山脉(Laurentian Mountains)也清晰可见。

By MusMs

皇家山(Mountain Royal)

　　皇家山是蒙特利尔市区内最高的山峰，皇家山于1870年重新修建，由设计纽约中央公园的著名建筑师Frederick Law Olmsted规划设计，整个地区占地101公顷，既保留了皇家山原始的自然风貌，又有一些设计独特的人工景观。喷泉公园(La fontaine)是该地区的主要绿地，占地40公顷，园内有两个人工湖，湖畔种植了大片枫树，是蒙特利尔最受欢迎的赏枫地点。公园内有两座瞭望台，可一览全市风景。

门票： 免费

交通： 多条线路可至，交通便利

唐人街(Chinatown)

　　红墙黄瓦的中式牌楼、中文书写的大小匾额，熟悉的环境让人有时空交错之感。蒙特利尔的唐人街并不算大，前后左右一共也就4个牌坊。蒙特利尔唐人街的牌坊和石狮子是1998年由蒙特利尔市政府与上海市政府合建的。

　　唐人街店铺林立，蔬菜水果店、副食店、肉铺、中餐馆、日用品店、旅店、旅行社、中文书店、礼品店、珠宝首饰店、药店、茶叶店等应有尽有，除了典型的中国工艺品，还有很多当地的土特产品。

交通： 地铁橙线PLACE—D'ARMES站出即到

旧港(Vieux Port)

所谓旧港是指位于圣劳伦斯与市中心之间的港区，始建于1642年，最初

By manumilou

蒙特利尔以皮货和木材交易起家，港口就是其最繁华的地带，如今附近还有很多古老建筑。旧港如今已是一个热闹的商业区，从早到晚游人如织，街道两边有博物馆、精品店、餐厅及沿街的咖啡座。

地址： 333 rue de la Commune ouest, At rue McGill

交通： 地铁Champ-de-Mars, Place d'Armes或者Square-Victoria

劳伦斯山脉(Laurentian Mountains)

劳伦斯山脉是蒙特利尔的度假胜地，有着既壮丽又优美的自然景观。这里也是进行户外活动的理想场所：原始茂密的林区可以进行远足探险，也可以骑车越野；湖泊和河流则可以享受划独木舟的乐趣。此外，还有刺激的漂流。劳伦斯山脉最大的城镇在圣爱葛沙山，附近可以野餐或湖上泛舟。塔伯拉山是该地区最高的山峰，有全年开放的顶级滑雪场。

地址： 55-129km(34-80miles) N of Montreal

栖息地(HABITAT'67)

位于圣劳伦斯河畔的HABITAT'67名为"栖息地"，是蒙城最古怪的建筑，由以色列建筑师沙夫迪于1967年设计，是"立体派"的建筑典范。HABITAT'67是一组预铸式混凝土住屋集合体，由3个独立的成套房间单位群集组成，共有158间房，这些房间单位排列成类似沿着锯齿形框架堆成的不规则方块体。

交通：在老港隔圣劳伦斯河可以远眺，至近处需坐车，大约15分钟可至。

By ken ratcliff

餐饮美食

有"北美巴黎"之称的蒙特利尔，餐饮同样以法国菜为主。此外，相比其他城市，蒙特利尔的当地美食有着鲜明的特色，如熏肉、百吉饼(Bagel)等著名的特色小吃。当然，除了法国大餐和当地小吃，世界各地的特色菜也能在这里找到，如越南粉、意大利比萨和英式牛排等。

By Ezra.Wolfe

在皇家山(Mont Royal)地区可以享用烧烤，马克·阿特沃特(Marche Atwater)集市则是蒙特利尔小吃的集中地。The Mile End是波希米亚风情的特色街区，可以品尝香醇的波西米亚式咖啡。The Mile End附近有一个小意大利社区，有不少美味的意大利菜餐厅。在小意大利社区的让·塔隆市场(Jean Talon Market)聚集了大量商贩，是蒙特利尔最大的市集，市场上除了日常用品和新鲜果蔬，还有各种奶酪和肉类食品。

蒙特利尔餐馆可以自带酒水。

Chez Schwartz Charcuterie Hebraique de Montreal

这是一家老牌熟食店，是一家又长又窄的沿街店铺，viande fume(烟熏肉)是其主打。店内比较拥挤，仅有一个午餐柜台和几张小桌子，平常店里总是人满为患，而为了享受美食，人们也不介意跟陌生人拥挤在一起。这家店的菜肴种类并不多，没有蔬菜也不提供酒。但人气依然很旺，食客需要做好排队等候的心理准备。

地址：3895 bd. St-Laurent
电话：514/842-4813

Rosalie

这家店位于the rue Crescent hubbub的中心，店面宽敞而温馨。这是一家很具时尚感的餐厅，也是个约会的好地方，店主找了很多年轻靓丽的服务员，她们热情友善而且服务周到。餐厅的菜品相对简单，但是非常美味。店外设有热闹的露天用餐区，当夜幕降临之后，这片区域用餐的人很多。

地址：1232 rue de la Montagne
电话：514/392-1970

▶▶ 当地住宿

蒙特利尔住宿场所格调各异、种类繁多，有大型的连锁宾馆，也有小巧舒适且提供早餐的客店。蒙特利尔并不算大，所以绝大多数宾馆位于市中心或距市中心不远的地方，交通都很方便。

伊丽莎白女王酒店(Queen Elizabeth)

这家酒店位于火车站(Via Rail & AMTRAK)附近，与有着数千家精品店、餐馆和咖啡馆的地下城相连，可以步行至市区的多个景点。

地址：900 Blvd Rene Levesque West Montreal, QC H3B 4A5
价格：268加元起

凯悦丽晶酒店(Hyatt Regency)

酒店位于蒙特利尔文化区的心脏地段，酒店临近Complexe Desjardins商城，有大量店铺和餐厅，方便购物和就餐。从酒店可以步行到达蒙特利尔旧城区和唐人街。酒店与地下城相连，可以直通蒙特利尔会展中心(Montreal Convention Centre)、地铁站和现代艺术馆(Contemporary Museum of Art)。

地址：1255 rue Jeanne-Mance C.P. 130 Montreal, QC H5B 1E5

参考价格：220加元起

塔蒙特利尔酒店(Delta Montreal Hotel)

这是一家商务便利型宾馆，靠近麦吉尔大学、吉恩—保罗·里奥皮勒广场和维多利亚广场。

地址：475 Ave du President-Kennedy

参考价格：145加元起

蒙特娄酒店(Le Nouvel Hotel)

这家宾馆靠近加拿大建筑中心、贝尔中心和蒙特利尔艺术博物馆。附近还有圣约瑟夫大教堂和基督教教堂。

地址：1740 Boul Rene Levesque West

参考价格：115加元起

>> 特色购物

By Paul Lowry

蒙特利尔旧城区(Old Montreal)是购买纪念品的首选地，狭长的街道两侧有很多艺术品和纪念品店。圣凯瑟琳街(Sainte-Catherine Street)是蒙特利尔最繁华的街区，有世界知名品牌的专卖店，还有几大购物中心和百货公司，如伊顿购物中心(Montreal Eaton Centre)、La Baie百货商场及拥有100多家精品店入驻的Place Montreal Trust。

蒙特利尔有名的地下城是重要的购物场所。地下城以Ville Marie地区为源头，逐渐扩展到Bonaventure地区，内有超过1700家的专卖店、购物中心、酒吧和餐厅等，这里连接了多条地铁线路，交通十分便利。

如果想体验当地的风土人情，可以去Atwater Market逛逛，这里的户外柜台摆满了琳琅满目的货品。市场的建筑室内则是卖肉、鱼及各种调味料的商铺，这里所卖商品的价格普遍较低。

▶▶ 娱乐活动

除了传统的视觉艺术，蒙特利尔在多媒体、影视等现代化艺术方面的发展也十分成熟。这里有全世界最好的录音棚，在好莱坞的大片里经常可以看到来自蒙特利尔的高超特技和火器制作的技术。

电影之都

蒙特利尔电影节在世界电影艺术领域具有重要地位，而电影院也是当地最受欢迎的娱乐场所。蒙特利尔因其漂亮的建筑，成为很多电影拍摄的外景地，运气好的话，游客还有可能亲临拍摄现场一览明星风采。多媒体大厦埃克崔斯(Ex-Centris)是领略蒙特利尔电影艺术的不二之选，在那儿可以观看来自世界各地的独立电影。

博物馆区(Museum Quarter)

博物馆区是蒙特利尔文化生活的中心，它以蒙特利尔美术馆(the Montreal Museum of Fine Arts)为中心。除了具有深厚历史积淀的文化内涵，博物馆区风格多样的建筑景观也是游客不可错过的。此外，这里的画廊、设计师时装

By daryl_mitchell

店和饰品店也极具品位，值得一看。

太阳杂技团(Cirque du Soleil)

太阳杂技团的表演在蒙特利尔家喻户晓，是去蒙特利尔旅游不可错过的项目之一。太阳杂技团由街头艺人盖·拉利伯特(Guy Laliberté)和丹尼尔·高特尔(Daniel Gauthier)于1984年创建，如今已发展成以蒙特利尔为根基的娱乐帝国。它被公认为是世界上最好的杂技团之一，不仅表演风格独特，而且吸收了来自世界各国的优秀节目。

By joaoa

蒙特利尔夜生活

蒙特利尔的夜生活丰富多彩，新月街(Crescent Street)、圣丹尼斯街(Saint-Denis Street)和圣劳伦大街(Saint-Laurent Boulevard)都是著名的酒吧街。圣凯瑟琳街等繁华街区和地下城也有电影院、舞厅、酒吧等各种娱乐场所。

From official site

小贴士 *tips*

在旅游问询处、地铁站内、书店、咖啡厅、餐馆等处可以免费获取相关娱乐信息，可以选择英语的MIRROR、HOUR，法语的VOIR等报纸，都是小型版面，每周四发行，登载有关音乐会、展览会、电影及音乐等的信息。此外，在旅游问询处还有可能领到名为POM的小册子，里面有关于博物馆、精彩节目的信息，并附各种优惠赠票。

>> 节庆活动

蒙特利尔文娱生活丰富多彩，每年有40多个节庆活动，从土著居民的传统节日到前卫先锋的艺术节，品类齐全的庆典节目吸引了形形色色的人。

Grand Prix Molson du Canada

加拿大唯一的F1赛车比赛，在圣母岛上的环形路线上进行。

时间：每年6月

电话：514-392-0000

From official site

By Esther Gibbons

蒙特利尔国际爵士音乐节 (Montreal International Jazz Festival)

北美最大的爵士音乐节，在中心会场的艺术广场一带会搭建十座舞台，全程有350多场大小不一的音乐会，而除主演大厅内的音乐会以外，其他全部免费。

时间：每年6月底至7月初

电话：514-871-1881

蒙特利尔国际喜剧艺术节(Montreal International Comedy Festival)

聚集来自15个国家的500名艺术家，以旧市区为中心，12天内有400多场展览。

时间：每年7月

电话：514-845-3155

蒙特利尔国际电影节(World Film Festival)

600多部电影作品从清晨到深夜持续放映，每年能够吸引30万观众。

时间：每年8月底9月初

电话：514-848-3883

蒙特利尔冬令节(Montreal High Lights Festival)

主要在皇家山公园(Mount-Royal Park)和旧港口(Old Port)等地的冰场上举行，为期11天，期间有上百场表演、展览、音乐会等，并伴有丰富的美食和品酒活动，在热情洋溢的节日气氛中，冬季的寒冷已全然不见。

时间：每年2月份

古城要塞——魁北克城(Québec City)

魁北克城是魁北克省省会，加拿大东部的重要城市和港口。魁北克市于1608年由"新法兰西之父"桑普兰建立，作为当时的新法兰西首府，其本身则是军事要塞和重要港口。魁北克城是加拿大的第九大城市，在魁北克省则仅次于蒙特利尔居第二。全市总人口约68万，其中绝大多数为法裔加拿大人，95％的居民只讲法语。

By Loimere

根据地形，魁北克城分为上城和下城两部分，中间是岬角峭壁。上城是宗教活动区和行政管理区，四周有城墙环绕，集中了许多豪宅和宗教建筑；下城则为港口和传统平民区，上下两城由一条空中缆车道连接。

气候特点

魁北克城四季分明——春、夏两季气候温和，阳光充沛；秋季漫天枫叶，气候凉爽；冬季白雪皑皑。

来往交通

航空

让·勒萨热国际机场(Jean-Lesage International Airport)位于魁北克以西约23公里处。目前没有中国直飞的航班，需要从渥太华或多伦多转机，且多数要在蒙特利尔经停。从蒙特利尔到魁北克约45分钟，从多伦多到魁北克的直航班机约1个半小时。

机场交通

金卢瑟国际机场与市区之间没有机场巴士，只能搭出租车或租车，乘出租车从机场到旧市区（上城）约25分钟。

铁路

VIA Rail每天有好几个班次的火车从其他城市至魁北克城的帕雷斯车站(Gare de Palais)。从蒙特利尔到此约3个小时，而从多伦多、渥太华前往魁北克则需要在蒙特利尔转车。

长途汽车

中央巴士站(Gare Centrale d`Autobus)位于市区以北的火车站旁。从蒙特利尔乘班车至魁北克城约3个小时，平均每1小时1班。

市内交通

公交车——魁北克市的公交系统称为STCUQ，不过对于游人来说乘坐公交车并不是最佳选择，因为上城和下城徒步即可逛完，同时各个景点之间并没有路线行驶。

缆车——上城到下城可以步行前往，从兵器广场前的道弗林台阶下去即可，另外也可以乘坐缆车，费用为1加元。

达尔姆广场(Place D Armes)

By vxla

达尔姆广场也被称做兵器广场，位于旧城区上城，是上城的核心。达尔姆广场修建于法国殖民时代，是当时驻军的练兵场。从下城前往的话，可以从圣路易门沿圣路易大道一直向上走，从上城前往下城，也是相同的路线。

达尔姆广场可以作为游览旧城区的起点，有古典式的观光马车在此招揽游客，一些街头艺人也常常聚集在此表演。广场上有一座哥德式喷水池，还有"新法兰西之父"桑普兰的纪念碑。广场地面以砖石铺就，古色古香，周围都是有几百年历史的古老建筑，延伸出去的街道，最窄处仅有8英尺。广场周围有很多礼品店、古董店和杂货店，最多的则是咖啡店，不过开设于老房子中的咖啡店都很小，有时候甚至连座位都没有，只能站着喝完。

地址： 15 Rue Ste-Anne Quebec, QC, Canada

要塞博物馆(Musee du Fort)

要塞博物馆是一个很袖珍的博物馆，位于芳堤娜城堡饭店附近一栋建筑物的2楼，展示着过去曾发生在魁北克的6次战争的内容，其中很多以表演方式来展现，十分有趣。

地址： 圣安妮(Sainte Anne)街10号

门票： 大人6.25加元、老年人5.25加元、学生4.00加元。

开放时间： (春、秋)周一至周六10:00~17:00，周日13:00~17:00；(夏)10:00~18:00

芳堤娜城堡饭店(Chateau Frontenac)

芳堤娜城堡饭店矗立于陡峭的岬角峭壁上方，是上城中最醒目的地标。这座城堡式的豪华饭店建于1893年，有着青铜色的屋顶，砖红色外墙雄伟壮观，拥有613间各式客房。在饭店前的城墙平台上可以眺望圣劳伦斯河及对岸，往右边走可以看到一座巨型的滑梯，再往前则是通往山丘的阶梯，可一直到达著名的星形碉堡。

By Rambling Traveler

饭店具有很重要的历史意义，第二次世界大战期间，加拿大总理麦肯齐、英国首相丘吉尔及美国总统罗斯福等盟国领袖，曾在此讨论诺曼底登陆计划。

星形碉堡(Citadelle)

星形碉堡位于钻石岬角(Cape Diamant)上，始建于1820年，历经超过30年的时光才建造完成。碉堡内有一座皇家22E陆军军团博物馆，由旧的发电厂和陆军监狱改建，展示传统的兵器及军人服饰、徽章等。夏季，这里会举行驻军检阅及卫兵交换仪式，这项仪式表演一般是早上10点举行，除下雨天外每天都有，须购票参观。

地址：Côte de la Citadelle Qué bec G1R 4V7

战场公园(Parc-des Champs de Bataille)

星形碉堡右边有一片广阔的丘陵地带，这就是战场公园，又名亚伯拉罕平原，1759年英、法两军在此发生了一场具有决定性的战争，法军战败，从此魁北克城成为英国的殖民地。占地250英亩的战场公园，视野开阔、鲜花遍地，早已不见昔日硝烟，如今已成为魁北克人野餐、聚会、欣赏音乐会的绝佳场所。

地址：Avenue Wilfrid-Laurier Quebec, QC, Canada

蒙特伦西瀑布(Montmonency Fall)

位于魁北克市北方约1公里，是蒙特伦西河从83公尺高处飞流直下所形成的，高度是尼亚加拉瀑布的1.5倍。冬季瀑布只剩下细细的一条，其余部分全部结冰，形成一道漂亮的冰壁，因此也成为攀冰运动的场所。

瀑布旁边的山壁上建有阶梯，并延伸出小径、凉亭和吊桥，可以让游客近距离感受瀑布的壮观。在瀑布旁有一间外观典雅的建筑，这是隶属于瀑布景区的一家法式餐厅，主营法国料理及魁北克当地的特色菜。

奥尔良岛(Ile d'Orleans)

奥尔良岛全长34公里、宽9公里，人口约有5000人，穿过蒙特伦西瀑布右手边的铁桥便可到达，过桥后可以到旅游服务中心查询景点资料。岛上满是葱葱的树林和草地，其间点缀着农舍和红色屋顶的教堂。岛上居民主要从事农业和旅游业，他们栽种的苹果与草莓十分可口，在盛产季节，游客可以到此亲自采摘。奥尔良岛还盛产奶酪，岛上还有许多枫糖厂及酒厂。

From official site

国会大厦(Parliament Building)

From official site

从格兰林荫大道(Grande Allee)往北走，左边的议会山(Parliament Hill)上有一座宏伟的建筑，这就是魁北克省议会所在的国会大厦。大厦于1877年开始兴建，1886年建造完成，有着鲜明的法国文艺复兴时代的风格，还有几分凡尔赛宫的气韵。大厦外面的壁龛中立有22座铜像，纪念那些在魁北克历史上有着卓越贡献的人们。

地址： 1045 Rue des Parlementaires Quebec, QC, Canada

开放时间： 周一至周五9：00~16：30

门票： 免费

皇家广场(Place Royale)

By jgreenberg

这里是最早的一批法国移民修建住所的地方，也是北美法国文化的发源地。这里是魁北克城最早的商业中心，大量商人聚集于此进行商业活动，并在此建造豪华屋邸，如今四周仍可见到当时富商的房子。广场中央有路易十四的半身铜像，每年夏天广场会举办音乐会，平常也可见到街头艺人的表演。

From official site

魁北克圣母大教堂(Notre-Dame-de-Quebec Basilica-Cathedral)

　　沿着璀索街(rue de Tresor)走到比亚德街(De Buade)，往左约50公尺可以看到魁北克圣母大教堂，左右两个形状不同的尖塔，显示出明显的巴洛克式风格。这是魁北克最大的教堂，也是北美地区最古老的教堂之一，已有350年的历史。教堂建筑曾遭受过好几次的火灾及地震，现在我们看到的教堂是于1925年重新整建过的。教堂北边是魁北克神学院(Seminaire de Quebec)以及旧拉瓦尔(Laval)大学。

地址：16 rue Buade

开放时间：6~10月6: 30~20: 00

胜利圣母院(Eglice Notre-Dame-des Victories)

　　皇家广场(Place Royal)边上有一座小巧精致的教堂——胜利圣母院，创建于1688年，教堂在1759年的英法战争中遭摧毁，后来重建两次，现存的教堂建筑是于1929年修复的。胜利圣母院是北美最古老的石材教堂，内部装饰简朴而不失庄严，大堂顶端垂吊一艘帆船模型，是法国Marquis de Tracy指挥官于1664年率领军队来到新大陆所搭乘的 "Le Breze" 号帆船。

地址：Place Royal

开放时间：5月1日~10月15日周一至周六9:00~16:30，周日7:30~16:30；
其他时间周一至周六9:00~12:00，周日7:30~13:00。

▶▶ 餐饮美食

　　魁北克多数的居民是法裔加拿大人，法国人对美食的考究与享乐主义在这里一脉相承。国会大厦旁的格兰林荫大道被誉为加拿大东部的香榭丽舍大道，法式餐厅及露天咖啡馆随处可见。位于圣劳伦斯河旁的魁北克城也是一座内陆海港，新鲜海产可是不容错过的。

From official site

La Saint Amour

餐厅位于上城中心地带，古色古香的餐厅标牌和老城区相映成趣，店内精致的法国菜肴曾多次获得大奖。

地址：73, Sainte-Anne street Quebec
电话：001-418-6922216

Le Petit Cochon Dingue

店内菜肴以精致的欧式风味为主，1979年开业，在魁北克城内极有人气。

地址：24, boulevard Champlain Québec, QC G1K 4H7 Canada
电话：001-418-6940303

Auberge Baker

在这家餐厅可以享用地道的魁北克本地菜肴，餐厅位于一座历史久远的房屋之内，建筑本身也极具观赏价值。

地址：8790, avenue Royal Château-Richer, QC G0A 1N0 Canada
电话：001-418-8244478

Aux Anciens Canadiens

这家餐厅位于魁北克城的老房子内，将老城区曾经的法式风情完美地继承了下来，店内的法式大餐精致美味。

地址：34, rue Saint-Louis C. P. 175, succursale Haute-Ville Québec, QC G1R 4P3
电话：001-418-6921627

➤➤ 当地住宿

在旧城区历史悠久的古老建筑中，有一些豪华酒店，价格不菲却极具特色，奇妙的冰旅馆也值得尝试。另外，魁北克城的家庭旅馆比较普及，其中很多是华人开办的，价格便宜，一般双人间一晚在40加元左右，设施也很齐全。

The Ice Hotel

By Allen's VISION

这是继瑞典之后世界上第二家冰旅馆，也是北美地区的第一家冰旅馆。2001年1月开业，位于魁北克圣劳伦斯河北。冰旅馆每年只在冬季营业3个月，在第二年气温回升至8℃左右就会彻底融化，下一个冬季重建。除了客房，旅馆内还有一间酒吧，吧台、酒杯及盛食物的容器也都是冰块做成的。

地址：143, Route Duchesnay Pavillon Regie Sainte-Catherine-de-la-Jacques-Cartier QC, Canada G3N 0J5

电话：418-875-4522

价格：299加元起

Auberge Saint-Antoine

酒店由19世纪的石砌房屋改建而成，客房设施豪华，古色古香。酒店大堂里陈列有17世纪的大炮，酒店还有私家放映室，可以在法国电影中体会其中的浪漫风情。

地址：10 Rue Saint-Antoine Québec, QC G1K 4C9, Canada

电话：418-692-2211

价格：231加元起

Fairmont Le Chateau Frontenac

位于圣劳伦斯河旁的山壁上，是魁北克城最著名的地标，是一座有着青铜色屋顶、砖红色外墙和高耸塔尖的城堡式建筑。酒店于1893年开业，至今一直是魁北克地区顶级的酒店，英王乔治五世、伊丽莎白二世、美国罗斯福总统、英国丘吉尔首相等重要人物都曾在此下榻。

地址：1 Rue des Carrieres Québec City, QC G1R 4P5, Canada

电话：866-840-8402

价格：209加元起

Ambassadeur Hotel

酒店位于圣劳伦斯河畔，步行至上城仅需几分钟，酒店设施齐全，价格也平易近人。

地址：321 Boul Ste-Anne Québec G0A, Canada

电话：800-363-4619

价格：109**加元起**

Le Voyageur Hotel

这家酒店交通极为便利，无论是前往魁北克城，还是去周边市镇都非常方便，是想要从魁北克前往周边地区旅游的游客的理想选择。

地址：2250, Boulevard Sainte-Anne Québec, QC G1J 1Y2 Canada

电话：001-418-6617701

价格：79**加元起**

HI-Quebec

这是一家青年旅馆，坐落于上城旧市区的中心地带，距离周围景点很近，并提供免费的无线网络。

地址：19, Rue Ste-Ursule Québec, Québec G1R 4E1

电话：418-694-0755

价格：22**加元/床位起**

▶▶ 特色购物

魁北克城古朴典雅，特色商品主要是古董、艺术品和传统工艺品。大多数手工作坊和画廊都对外开放，游客可来此参观制作过程。另外，魁北克产的枫糖浆也十分著名，可以买来馈赠亲友。

魁北克上城区仍保留有18世纪法国城市风貌，多数商铺挂着18世纪风格的牌匾，店员则身着古装，梳古老发型，营造出浓郁的法式古典风情。

From official site

➤➤ 节庆活动

By jmd41280

魁北克冬季狂欢节(Festival de la Neige)

冬季狂欢节是魁北克最大的节日，也是加拿大传统的民间节日之一。魁北克的寒冬十分漫长，而一年一度的冬季狂欢节则是驱走严寒的最好方式。自1955年以来，魁北克城每年都要举办一次冬季狂欢节，一般从2月上、中旬开始，为期10天左右。

枫糖节(Maple Syrup Festival)

魁北克省有大片大片的枫树，在每年3、4月采集枫汁、熬制枫糖的时候就会举办枫糖节。节日期间，亲朋好友们会聚集在制作枫糖的枫糖屋内，品尝美味的枫糖浆，还有一种有趣的做法，是将滚烫的枫糖浆倒在雪中凝成枫糖块。游客们还可以乘马车游览枫树林，参加舞会并品尝传统法式大餐。

自然奇迹——尼亚加拉瀑布(Niagra Falls)

TOP 5

尼亚加拉瀑布位于加拿大安大略省和美国纽约州的交界处，是北美东北部尼亚加拉河上的大瀑布，为北美地区最著名的自然景观，与伊瓜苏瀑布、维多利亚瀑布并称为世界三大跨国瀑布。

From official site

"尼亚加拉"在印第安语中意为"雷神之水",印第安人认为瀑布的轰鸣是雷神说话的声音。尼亚加拉河中间的高特岛(Goat Island)把瀑布分隔成两大部分。较大的部分是马蹄(Horseshoe)瀑布,靠近左(加拿大)岸,高56米,曲折的脊线长约670米。较小的是美国瀑布,接邻右(美国)岸,高58米,宽320米,美国瀑布旁边还分出一条细小的瀑布,被称做"新娘面纱瀑布"。

尼亚加拉瀑布每年吸引着大量游客到来,人们到此度蜜月、走钢索横越瀑布、坐木桶漂游瀑布,或浪漫或刺激,而瀑布最大的魅力无疑是其鬼斧神工的自然景观。

By grilled cheese

气候特点

尼亚加拉大瀑布纬度和美国的西雅图、芝加哥、底特律以及波士顿等地相似:冬季严寒;春夏两季的气候温暖宜人;秋季较为凉爽。

来往交通

火车

可以从多伦多的联合车站搭乘Via Rail到尼亚加拉瀑布站,路程约为1小时50分钟。

地址: 4267 Bridge St.

电话: 1-800-361-1235

长途汽车

从多伦多巴士中转站到瀑布北边的尼亚加拉瀑布巴士中转站(Niagara Falls Bus Terminal)，约两小时车程，每天都有约20个班次。

尼亚加拉机场巴士(Niagara Airbus)有前往多伦多国际机场及尼亚加拉瀑布的班次。

尼亚加拉瀑布巴士总站
地址：4555 Erie Ave.
电话：905-357-2133

加拿大灰狗巴士
电话：1-800-661-8747

加拿大长程巴士
电话：1-800-461-7661

尼亚加拉机场巴士
电话：905-374-8111

内部交通

从巴士中转站可搭乘瀑布循环巴士(Falls Shuttle)到尼亚加拉市区，运营时段是8点45分至凌晨1点45分，平均每30分钟1班。搭乘计程车到瀑布约10分钟车程。

观光巴士(People Mover)从瀑布口附近的总站出发，到离瀑布约14千米左右的公园、昆士顿山丘为止，绕行一周约30千米，沿途路过主要景点。游客可购买1日有效的乘车券，可随意上下车。

在10月中旬~次年6月中旬期间观光巴士不会停车，只能搭计程车进出。

▶▶ 经典景点

尼亚加拉瀑布实际上是由两个瀑布组成的，加拿大境内的"马蹄瀑布"和美国境内的"美国瀑布"，或者可以再加上紧挨"美国瀑布"的"新娘面纱瀑布"(Bridal Veil Falls)。"新娘面纱瀑布"在宽阔的"美国瀑布"旁边，尽管只细细一缕，却自成一支，所以有时候人们会把它与"美国瀑布"分开来介绍。

From official site

By sailorbill

马蹄瀑布

是尼亚加拉最大的一条瀑布，溅起的浪花和水汽有时高达100多米，若有大风吹过，水花飞溅到岸边如同下雨，有时候灿烂的阳光产生折射效果，会营造出一条甚至好几条七色的彩虹。冬天瀑布表面会结一层薄薄的冰。

美国瀑布

美国瀑布远看犹如一道白色帷幔，飞溅的水花营造出迷蒙的效果。瀑布下方有许多礁石，层层叠积，犬牙交错，激流冲下瀑布撞击岩石时的情景十分壮观。

新娘面纱瀑布

紧挨"美国瀑布"的"新娘面纱瀑布"细致绵长，相比另外两个瀑布，则显得更加柔美。由于悬崖上有很多凹凸不平的岩石，瀑布水量又不大，因此水流蜿蜒而下，跌到无数块硕大的岩石上则是银花飞溅，同两边壮观的大瀑布相比，别有一番风韵。正由于这独有的柔美烂漫景致，尼亚加拉瀑布也成为情侣幽会和新婚蜜月的胜地。

"新娘面纱瀑布"和"美国瀑布"虽然在美国境内，可两个瀑布都是面向加拿大，站在加拿大一侧才可尽赏两个瀑布的真面目。冲向"美国瀑布"的那一段尼亚加拉河是由美加两国分享的，河上筑有一座彩虹桥(Rainbow Bridge)，这座桥也根据河内边界划分，一端属于加拿大，另一端属美国。

瀑布夜景

"马蹄瀑布"在晚上水流会有所减小，浪花和水汽也少了很多，灯光照去，看得比白天更清晰，也呈现出与白天雄壮景观截然不同的另一种神态。"美国瀑布"和"新娘面纱瀑布"在晚上会用不同色彩的灯光照射，大小、颜色各不同的两条瀑布情趣各异。

By bgilliard

独特的冬日美景

From official site

春、夏、秋三季是观赏大瀑布的最佳季节，冬季游客很少。但是随着冬天的来临，气温下降，大瀑布则会呈现出独特的冬日奇景——整个大瀑布从上到下都会结冰，最厚的地方可达4.5米（15英尺），成为一座壮观的冰瀑，各种形状的冰柱垂岩而下，千奇百怪的冰雕均是大自然的杰作。虽然大瀑布冬天的景色别有一番情趣，但是想在冬季参观大瀑布绝非易事。尼亚加拉瀑布处于北纬43度，从11月份开始便频频降雪，12月和1月则是降雪的高峰期，积雪可达半米以上，交通极为不便。

▶▶ 观赏方式

陆上观赏

在加拿大一侧欣赏尼亚加拉瀑布的最好去处是著名的"前景观望台"，这一平台高达86米，可一览尼亚加拉各大瀑布。如果想仰视大瀑布倾盆而下的壮观，则可以沿着山边小路前往"风岩"，这里就是大瀑布的脚下，在此可观赏大瀑布飞流直下的壮丽景观。

游客在此必须穿上雨衣，否则全身都会湿透。

要看大瀑布的正面全景，最理想的地方还是彩虹桥。该桥横跨尼亚加拉河，分属加拿大和美国。传说拿破仑的兄弟曾从新奥尔良搭乘驿马车到尼亚加

From official site

拉瀑布度蜜月，后来人们纷纷仿效，蜜月之旅成为尼亚加拉旅游的一大特色，而彩虹桥也被称为"蜜月小径"。

另外，美、加两国还修建了高耸的瞭望塔以使游客更好地观赏大瀑布，其中三个在加拿大境内，一个在美国境内。加拿大境内距离瀑布最近的一座是施格林瞭望塔(Skylon Tower，5200 Robinson Street)，名字意为"天塔"，高达236.20米，也是尼亚加拉市的地标性建筑，通往塔顶瞭望台的电梯一半镶着玻璃，可以在电梯升降的同时欣赏瀑布景色，瞭望塔最上层还有一个旋转餐厅。

乘"雾中少女"

By Diego3336

为了让游客充分观赏瀑布，美、加两国在尼亚加拉河的两岸各建造了一个码头，配备了4艘游船，每艘能载客数百人，其中"雾中少女"(Maid of the Mist)号游船最为有名，自1846年开始下水，已经运营了100多年。

"雾中少女"的乘船码头正对着"美国瀑布"，购票后需先乘坐缆车到河边，乘客每人要领取一件雨衣，否则必定会全身湿透。游船先经过"美国瀑布"，再开往加拿大的"马蹄瀑布"，乘坐"雾中少女"可以真切感受到瀑布狂泻直下的壮丽景观，巨大水汽与浪花让人惊心动魄。

瀑布后之旅

加拿大境内的"Journey Behind the Falls"(瀑布后之旅)是欣赏尼亚加拉大瀑布一种很独特的方式，这个由西尼克隧道改建的观景点，是近距离接触瀑布的绝佳地点。游客可以在Table Rock House内的入口处领一件黄色雨衣，然后搭乘电梯降到几十米深的地下，沿着两条隧道来到突出的平台上欣赏马蹄瀑布的正侧面，使人仿佛置身于瀑布之中，近在咫尺的宏伟瀑布让人叹为观止。

高空观赏

尼亚加拉瀑布公园还开设了直升机和热气球的游览项目，游客可以搭乘直升机或热气球从空中观看大瀑布的壮丽景色，并可俯瞰伊利湖水倾注到安大略湖。不过，直升机和热气球价格昂贵，可能会让许多游客望而却步。当然，也可以选择经济实惠的西班牙式高空缆车(the Spanish Whirlpool Aero Car)，同样可以在空中欣赏瀑布奇观。

夜观大瀑布

入夜后尼亚加拉瀑布是另一番景象，瀑布水色渐显灰暗，而瀑布周围的巨型聚光灯，则使原已黯淡的瀑布大放光彩。此时，瞭望塔是最佳观景处，在五颜六色的灯光下，尼亚加拉大瀑布有着迥异于白天的奇幻色彩。

➢➢ 其他景点

尼亚加拉瀑布市(City of Niagara Falls)

尼亚加拉瀑布的所在地，是一个拥有人口10多万的城市，城市以瀑布为名。这个城市也是靠旅游业发展起来的，交通便利，旅游设施齐备。尼亚加拉瀑布市有四多：餐馆多、旅馆多、博物馆多、售卖纪念品的商店多。市区内卖纪念品的商店数不胜数，几乎每隔500米就有一家酒吧或餐厅。不过，每到旅游旺季，这里的旅馆还是会被预订一空。

百年紫丁香花园及花钟
(Centennial Lilac Gardens and the Floral Clock)

游览尼亚加拉瀑布的游客一般都会顺便去维多利亚公园看看。园内草木繁茂、鲜花遍地，其柔美气质与大瀑布形成鲜明对比。维多利亚公园内斜坡上有一个世界第二大的"花钟"，面积达100多平方米。钟面用了24000种花卉，由各种鲜花组成美丽图案，时针由粗大的钢条制成，通过水力发电厂传送的电力来推动，每一刻钟都会报时，声音洪亮悦耳。

此外，沿着大瀑布公路还有一些景点与游览项目，如格雷特峡谷探险(Grate Gorge Adventure)、法国人修筑的要塞、尼亚加拉峡谷(Niagara Glen)等，另外还可以看到许多小瀑布，其幽静及精巧也值得一看。

▶▶ 餐饮美食

在尼亚加拉，你可以享用各种各样风味的美食，从欧洲风味、亚洲特色到北美当地的菜肴，应有尽有。尼亚加拉瀑布地区尤其是尼亚加拉市内有大量餐馆。

石桌餐厅(Formerly Table Rock Restaurant)

该餐厅是大瀑布地区最著名的景观餐厅之一，位于石桌中心2楼，与"马蹄瀑布"近在咫尺，可通过玻璃窗看到窗外奔腾的"马蹄瀑布"。这里也是观赏瀑布夜景和夏季瀑布焰火表演的绝佳去处。餐厅可容纳350人，主要提供当地特色美食。

维多利亚女王中心水边餐厅(Edgewaters Tap and Grill)

维多利亚女王中心水边餐厅与"美国瀑布"和"马蹄瀑布"隔河相对，拥有一个宽敞的法式露台，可以欣赏瀑布夜景和焰火表演。这里步行5分钟就可以到达"马蹄瀑布"，离"雾中少女"游船码头也不远。

地址：6342 Niagara Pkwy Niagara Falls, Ontario, Canada
电话：905-356-2217

昆士顿古堡餐厅(Queenston Heights Restaurant)

这是一家很有古典气息的西餐厅，建于106米的山崖之上，可以一边就餐一边欣赏瀑布。

地址：14184 Niagara Parkway Queenston, Ontario, Canada
电话：905-262-4274

▶▶ 当地住宿

尼亚加拉瀑布附近的住宿酒店很多，市区内有大量各个档次的旅馆，不过在旅游旺季还是会全部订满，而且价格会上涨不少。所以，去大瀑布之前一定要安排好住宿。

By mrkathika

华美达瀑布景观酒店(Ramada Plaza Fallsview)

这家四星级酒店位于尼亚加拉峡谷150米之上，在Minolta Tower塔楼里，客房设施齐全，有吹风机、小冰箱、茶具和咖啡壶、电视等。

电话：905-356-1501，800-272-6232
网址：www.ramada.com
地址：6732 Fallsview Blvd
价格：双大床130~200加元，套房180~350加元

蝴蝶庄园(Butterfly Manor)

这是一家B&B酒店，装修很漂亮，有6间宽敞的客房，其中一间有一个开放式壁炉。夏天有空调，早餐美味可口。

电话：905-358-8988
网址：www.vaxxine.com/bb/bflymnr.htm
地址：4917 River Rd
价格：双大床(含早餐)80~110加元

Gretns Green

这家温馨的B&B旅馆有4间带私人浴室和空调的客房。早餐是全套英式早餐，同时提供火车和汽车接站服务。

电话：905-357-2081
地址：5077 River Rd
价格：含早餐19~125加元

背包客国际旅舍(Backpacker's International Inn)

这家旅舍位于一栋19世纪的建筑里，客房很像欧洲酒店。早餐含咖啡和一块英式松饼。住客可以使用厨房，还可以租用自行车。

电话：905-357-4266，800-891-7022
地址：Zimmerman Ave与Huron St交汇处4219号
价格：铺位29加元，双大床50加元

尼亚加拉瀑布国际客栈

这是由一栋商务楼改造而来的，可容纳90人。房间内设施齐全，包括厨房、洗衣间、储物柜等。靠近火车站和汽车站，交通便利，还可以租自行车。

电话：905-357-0770，888-749-0058
地址：4549 Cataract Ave
价格：19加元/床位

3 自然之旅
——落基山脉

五彩山川
——落基山脉(Rocky Mountain)

By Foxtongue

　　加拿大落基山脉是北美洲落基山脉的一部分，也是北美地区最著名的旅游胜地之一。这里地形多样、风光迤逦，大片的原始森林、雪山冰川以及众多的湖泊飞瀑，每年都吸引着数以百万计的来自世界各地的游客。

　　加拿大落基山脉于1984年被联合国教科文组织列为世界自然遗产，划入地区包括班芙(Banff)、贾斯珀(Jasper)、幽鹤(Yoho)和库特尼(Kootenay)4个相邻的国家公园，以及3个英属哥伦比亚省公园：罗伯森

山(Mount Robson)、
阿西尼玻山(Mount
Assiniboine)和汉拔
(Hamber)。山脉最高峰
是罗伯森峰，海拔3956
米。国家公园中，最为
著名的是班芙和贾斯珀
国家公园。

关于落基山脉名称
的由来，一直以来有这
么一个说法：当年英国
殖民者初到加拿大阿西

By Jessica_Jurassic

尼玻(assiniboine)地区时，看到当地的山像石头一样光秃秃的没有植被，又得
知当地的印第安部落名字就叫"石头"，于是便将这座山称为"石头山"，英
语里称"rocky"，后来这个名字逐渐被扩展到纵贯南北的整座山脉。而中文
"落基"一词就是从英文"rocky"音译而来的。

▶▶ 气候特点

加拿大落基山脉夏季白天平均气温为22℃，夜晚平均为7℃。冬季白天平
均气温为−3℃，夜晚平均气温低至−15℃。早晚温差大，到这里旅游应随时
注意添减衣服。不列颠哥伦比亚省部分的落基山脉比亚伯达省一侧的气候会
略暖些。

1. 虽然落基山脉的游览四季皆宜，风景也各有特色。但如果想更舒
服地游玩，推荐5月~9月前往，此时正值加拿大的夏秋两季，是当
地最适宜旅游的季节。
2. 在落基山脉，早晚温差较大，进行户外活动时，一定要带上一件
防风外套，以备不时之需。

▶▶ 经典景点

班芙国家公园设立于1887年，是加拿大历史最悠久的国家公园，著名的

避暑胜地。弓河(Bow River)是公园内的主要河流。而被誉为"落基山宝石"的路易斯湖(Lake Louise)，是班芙国家公园内最著名的景点，湖长约2千米，最大宽度600米，周围群山环绕，景色无比壮丽。

贾斯珀国家公园是公园群中最大的一个。贾斯帕公园内拥有常年水温54℃的斯曾林格斯硫黄温泉。它的西部则是不列颠哥伦比亚省的罗伯森山省立公园，公园内的罗伯森山海拔3954米，是落基山脉最高峰。而罗伯森高原上的穆斯湖，因为湖畔常有赫拉鹿的出现，所以又被称为"赫拉鹿湖"。

幽鹤国家公园位于不列颠哥伦比亚省，公园中心是幽鹤溪谷，该溪谷位于

By Bryan Garnett-Law

被冰雪覆盖的群山之间，园内同时还拥有落差达348米的塔克克乌瀑布，景色十分壮观。据称，"幽鹤"在当地土著语言中就是"壮观"的意思。

库特尼国家公园同样位于不列颠哥伦比亚省，它是加拿大唯一一个同时拥有冰川和仙人掌的国家公园。位于斯蒂温山的巴鸠斯页岩化石层，有保存极好的寒武纪化石，其中包括距今已有5.3亿年的古生物软体部位，非常珍贵。

班芙国家公园(Banff National Park)

班芙国家公园位于加拿大亚伯达省卡尔加里市以西约100公里处，与不列颠哥伦比亚毗邻，占地6641平方千米。它的历史始于1883年，当时的建筑工人在落基山脉修建太平洋铁路的时候发现了地底的温泉，并命名为班芙上温泉(Upper Hot Spring)，由此形成了这个国家公园的雏形。

By Alaskan Dude

　　班芙国家公园(Banff National Park)是加拿大第一个，也是世界第三个国家公园，是自然保护的最佳典范。它曾被全球最受欢迎的旅游评论网站TripAdvisor用户评选为加拿大户外探险第一目的地。同时，在全球户外探险旅游目的地十佳评选中，班芙位列第四。

　　班芙镇是这个国家公园的停留地，这里甚至可以说是整个加拿大的旅游中心，每年约有400万人来到此地滑雪、度假、欣赏山景。

　　在班芙国家公园，游客可以体验到多种多样的户外探险活动以及丰富的室内娱乐活动。无论你在任何一个季节光临班芙国家公园，必定会找到很多有趣的活动来填满你的行程。

>> 气候特点

　　班芙镇1月平均最低温度为-15℃，最高温度仅为-5℃，较为寒冷。夏天气候宜人，7月平均最高温度为22℃，最低为7℃，凉爽舒适，适合旅行。

>> 公园门票

　　公园一日游入园券(可进入班芙及贾斯珀两座公园)

　　成人：8.9加元

儿童：4.45加元
老人：7.65加元

>> 来往交通

班芙国家公园属于加拿大亚伯达省落基山脉，位于卡尔加里市(Calgary)以西128千米处，距离埃德蒙顿(Edmonton)401千米，如果从温哥华前往则需行驶850千米。

公路

在班芙国家公园有几条主要公路通道：

卡尔加里向西经过泛加拿大公路Trans-Canada Highway (#1)进入公园，可到达班芙镇和路易斯湖(Louise)。

弓谷公园大道Bow Valley Parkway (#1A)将班芙各城镇与路易斯湖等主要景点连接在一起，是公园内主要的观景大道。来往路易斯湖和贾斯珀镇之间，走冰原大道Icefields Parkway (#93)公路，可以看到穿越落基山几乎所有的典型景色。

航空

卡尔加里、埃德蒙顿和温哥华均有机场，可通过这些城市机场转达班芙公园。

铁路

在班芙国家公园和温哥华之间有观光铁路。

长途汽车

卡尔加里国际机场常年有巴士来往于机场与班芙之间，也有连接班芙镇和路易斯湖的旅游大巴。此外，在班芙镇和路易斯湖均有租车服务。

有很多家经验丰富且服务周到的旅游公司为游客提供机场接送、观光巴士等交通服务。

Banff Taxi

地址：103 Owl St., PO Box 808 Banff, AB T1L 1C2
电话：403-762-4444
免费电话：1800 651 4358
邮箱：info@banfftransportation.com

网址：http://www.banfftransportation.com

Banff Transportation Group

地址：103 Owl Street, Banff, Alberta T0L 0C0 P.O.Box 2502 Banff, AB T1L 1C2

电话：403-762-1692

免费电话：1800-651-4358

邮箱：info@banfftransportation.com

Boreas Alberta Tours Ltd.

地址：220 Bear St. Box 2468 Banff, AB T1L 1C2

电话：(403) 760-8228

邮箱：sadachi@telus.net

Brewster Airport & Resort Connector

地址：100 Gopher St. PO Box 1140 Banff, AB T1L 1J3

电话：1-800-760-6934

免费电话：403-760-6934

邮箱：sightseeing@brewster.ca

>>> 经典景点

路易斯湖(Lake Louise)

By Shazron

　　在班芙众多的惊人美景中，路易斯湖无疑是其中最激动人心的一处。位于班芙镇西北60公里的路易斯湖湖水泛着宝石般的蓝色，在四周茂密森林的包围下，超凡脱俗，非常迷人。湖的尽头就是美丽的维多利亚冰川(Victoria Glacier)，山水相依，形成一幅赏心悦目的风景画。这里也是北美最受摄影师青睐的摄影地点。

　　路易斯湖即源自维多利亚冰川(Victoria Glacier)，湖水冰冷无比，如果打算泛舟，不妨借机伸手一探。每年11月至次年6月期间，湖面就会结冰，变成一片雪白，这时的路易斯湖会与身后的维多利亚山浑然一体，成为一个童话般纯净的世界。

弓谷公园大道(Bow Valley Parkway)

By Matt Seppings

弓谷公园大道将班芙各城镇与路易斯湖串联在一起，骑车或坐车即可到达这条公园大道。大道沿途可以看到强斯顿峡谷(Johnston Canyon)、银城(Silver City)和Hillsdale Slide等景点，游客有机会看到各种野生动物，如大角羊、麋鹿甚至是狼。

强斯顿峡谷的两侧有若干个非常壮观的瀑布，吸引了很多游客专程前来远足。当然，这里除了无数层叠的瀑布会让游客目瞪口呆之外，游客也会震撼于两侧陡峭的岩石和头上令人惊悚的悬崖。

班芙镇(Banff)

班芙镇是卡尔加里市往西138公里的一个高山小镇。它是班芙国家公园的中心，也是加拿大落基山脉中最受欢迎的旅游景点，它甚至被誉为"落基山脉的灵魂"。班芙镇依偎在雄伟的高山与碧绿的湖水之间，周围天然美景甚多，如休闲胜地明尼汪卡湖(Lake Minnewanka)等。当然，你也可以放慢脚步，悉心参观一下镇上的怀特博物馆(Whyte Museum of The Canadian Rockies)，了解在群山之间安家落户的人们的故事。更可前往班芙上温泉区(Banff Upper Hot Springs)，好好地享受一番。

弓河瀑布(Bow Falls)

弓河瀑布与著名的班芙温泉酒店仅相隔一条滨河街。弓河从此处倾泻而下，形成咆哮的瀑布，是一处不容错过的景点。你也可以顺着滨河小径向西漫步，到达连接班芙大道的弓河大桥，从另一个角度欣赏壮观的弓河。

上个世纪50年代由著名影星玛丽莲·梦露(Marilyn Monroe)主演的电影《大江东去》(River of No Return)就取景于此。性感的梦露在河边晾衣服的场景使弓河瀑布声名远播，吸引了众多游客慕名前来。

班芙温泉酒店(Fairmont Banff Springs Hotel)

这座城堡自上个世纪20年代完工以来就成为班芙的象征。班芙温泉酒店依偎在雄伟的落基山脉之间，脚下静卧着清澈的弓河。酒店的每个细节都体现了苏格兰城堡的风格，被誉为"落基山中的城堡"。

这座酒店中的柳溪温泉(Willow Spa)是全加拿大最大的SPA温泉水疗中心，多次被世界旅游类杂志评为最受欢迎的温泉酒店之一。

By ocad123

明尼汪卡湖(Lake Minnewanka)

明尼汪卡湖是班芙国家公园中最大最深的湖，位于班芙以东，约15分钟车程。"明尼汪卡"来源于印第安土著语，意思是"水之精灵"。湖四周的明尼汪卡山谷是许多野生动物的栖息地。

游客可以乘坐游船(Cruise)在湖中游览，航程约为1.5个小时，船上会有专业导游，为游客解说这里的自然生态。

By coolinsights

阳光山村滑雪场(Sunshine Village Ski & Snowboard Resort)

阳光山村滑雪场距班芙镇有20分钟车程，是班芙国家公园3个世界级滑雪场地之一，拥有最好的雪地条件和持续时间最长的滑雪季节。

阳光山村包括3座山峰，地形都在7000英尺以上，拥有12条缆车轨道。阳光山村滑雪场还拥有班芙地区唯一的一个可以滑雪进出的假日酒店。

By markg6

梦莲湖(Moraine Lake)

梦莲湖坐落在著名的十峰谷(Ten Peaks)中，由冰川融化的雪水形成，湖水富含矿物质，呈现出晶莹剔透的碧蓝色，并映照出远处连绵起伏的落基山脉，因此也被认为是班芙地区最合适拍照的景点。

诺魁山(Mount Norquay)

诺魁山位于班芙镇北方，约10分钟路程，与瀑布山遥相呼应，中间则是40里溪(Forty Mile Creek)。山上是大片的原始森林，乘坐缆车可以直达海拔2522公尺的山顶，可以一览班芙镇全景以及四周雄伟的自然风光。另外，诺魁山山上的停车场有向东的两条小路，一条可通往瀑布圆形平台(Cascade Amphitheatre)，另外一条可至Stoney Squaw山峰。

➤➤ 当地住宿

班芙国家公园是一处十分成熟的旅游景区，住宿设施相当完善，既有古老的豪华城堡、服务周到的连锁酒店，也有温馨舒适而又实惠的家庭旅馆，徒步旅行者还可以选择户外的小木屋或露营……而无论你选择何处，总能从窗外看到绝美的自然风景。

如需了解更多酒店住宿设施，可联络班芙和路易斯湖的游客咨询中心：
班芙游客咨询中心Banff Visitor Information Centre
地址：224 Banff Ave, 403-762-8421
邮箱：Info@banfflakelouise.com

路易斯湖游客咨询中心Lake Louise Visitor Information Centre
地址：Samson Mall, Village of Lake Louise
邮箱：403-522-2744

➤➤ 餐饮美食

班芙国家公园每年接待上百万的各地游客，提供的饮食也十分多样，法式、意大利式、日式料理及中餐都随处可见。

班芙最值得推荐的美食是来自阿尔伯塔大草原的特级牛肉，这些来自有机农场的牛肉无污染、嫩滑多汁，在当地极有名气。除此之外，班芙公园的湖鱼和野味也值得品尝。

▶▶ 特色购物

班芙镇有许多有趣的街道，如熊街(Bear St.)、狼街(Wolf St.)、驯鹿街(Caribou St.)和水牛街(Buffalo St.)，而购物地点主要集中在小镇中心的主要街道班芙大道(Banff Ave)两侧。除了常规的品牌连锁及精品店，游客还可以在这里买到最先进的户外装备，如滑雪、登山、远足、钓鱼等活动所需设备。橱窗内展示的专业摄影作品也同样令人心动，可以帮助你回味曾经看过的美丽景色。

▶▶ 娱乐活动

滑雪——班芙国家公园拥有3个世界级滑雪场——路易斯湖滑雪场、太阳村滑雪场、诺奎山滑雪场，这3个雪场覆盖了7750英亩的面积，可谓是滑雪爱好者的天堂。

狗拉雪橇——狗拉雪橇(Dog Sledding)原本是爱斯基摩人的常用交通工具，而现在则成了班芙国家公园冬季必选的户外体验项目。在这里，友善的加拿大哈士奇犬显示出它健硕的一面，可以

By Shazron

带领你体验奔驰在落基山的广袤林海雪原上的奇妙旅程。

From official site

温泉水疗——班芙国家公园的诞生离不开温泉，1883年，修建铁路的工人率先发现了天然温泉(Hot Spring)。温泉水疗一直是班芙的传统旅游项目，班芙上温泉(Banff Upper Hot Springs)是其中最著名的一个，它汇集了硫黄山的富含矿物质的水源，水温常年维持在38℃，且全年开放。

雪地健行——在班芙镇和路易斯湖都可以报名参加冰上健行(Ice Walk)和

雪地健行(Snowshoeing)的活动。和陆地健行相比，雪地健行更为辛苦，但同时也具有更大的乐趣。

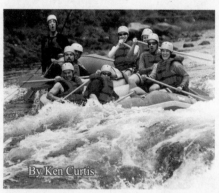
By Ken Curtis

漂流——漂流(Rafting)是喜欢刺激的游客的最爱，班芙国家公园拥有众多河流及险峻的地形，是漂流的绝佳场所。与三五好友共乘充气筏，穿越险滩、飞落瀑布的激情体验，绝对让人终生难忘。

独木舟——夏季班芙国家公园最受欢迎的探险活动之一就是乘坐独木舟(Canoe)。可以沿着弓河河谷或在碧绿的湖面上缓缓前行，清澈的湖水、沿途环绕的群山以及水中倒影，都是绝美难忘的景色。如果留心观察，还可能看到河狸、老鹰、黑熊等野生动物。

洞穴探险——洞穴探险(Caving)是一项绝对刺激的项目。Grotto山下的Rat's Nest Cave是洞穴探险的理想去处，这里未经开发，依然保持着原始形态，相当考验人们挑战自然的勇气。地下洞穴内全年保持恒温，冬暖夏凉，因而也是全年开放。

钓鱼——班芙国家公园里多处湖泊河流都提供钓鱼服务(Fishing)，主要以各类鳟鱼为主，在清澈的河水或湖水中甚至直接可以看到鳟鱼游过。飞蝇垂钓(Fly-fishing)很值得一试，这是一种新兴的钓鱼方式，在加拿大很受欢迎。冬季则可以体验冰上垂钓(Ice Fishing)，每年的12月至次年4月，可以到距离班芙镇45分钟车程的Spray湖进行冰上垂钓，可供垂钓的鱼类主要是鳟鱼和落基山银鱼。

>>> 节庆活动

路易斯湖曲棍球会

时间：2月

路易斯湖曲棍球会(Lake Louise Pond Hockey Classic)是加拿大最有名的曲棍球比赛，每年的2月举行。无论你是不是曲棍球迷，身处地球上最漂亮的班芙国家公园里，也忍不住会为某一支球队呐喊助威。

冰之魔法国际冰雕节

时间：1月

冰之魔法国际冰雕赛(Ice Magic International Ice Sculpture Competition)由国际冰雕协会主办，每年1月下旬在费尔蒙特路易斯湖堡酒店(The Fairmont

Chateau Lake Louise)举行。比赛在维多利亚山进行，届时各地的雕刻家聚集于此。在这里你不仅可以欣赏精巧的冰雕作品，还可以欣赏落基山冬日的美景。

班芙冬季庆典

时间：1月

班芙冬季庆典(Banff Winter Festival)在1月份的最后一周举行，持续6天，有很多庆典活动和赛事，如越野滑雪环路赛或纸板雪橇公开赛，甚至还有铁厨(Iron Chef)烹饪比赛和拼字游戏(Spelling Bee)！

班芙冬季艺术节

时间：1月至4月

班芙中心(Banff Centre)的班芙冬季艺术节(Banff Winter Arts Festival)从1月一直持续到4月，有著名的艺术家、音乐家和商业组织参加，有各种展览会、电影节和山地文化(Mountain Culture)活动。

落基山脉美食美酒节

时间：5月

在每年5月举行的落基山脉美食美酒节(Rocky Mountain Wine & Food Festival)上，游客有机会品尝到世界各地的美酒，有葡萄酒、麦芽威士忌、波特酒、啤酒等，班芙当地最好的酒店和餐厅还准备了丰富的美食供人们品尝。

班芙自行车节

时间：6月

班芙国家公园自行车节(Banff National Park Bike Fest)在每年的6月举行，经亚伯达自行车运动协会(Alberta Bicycling Association, ABA)批准，班芙自行车节将主办包括一公里标准路段赛和精英/职业路段赛在内的个人计时赛(individual time trial, ITT)。

By Melissa Wentarmini

班芙夏季艺术节

时间：5月至9月

班芙中心(Banff Centre)举办的班芙夏季艺术节(The Banff Summer Arts Festival)在5月至9月举行，汇集了表演艺术、美术、文学艺术、山地文化等各种项目。

贾斯珀国家公园(Jasper National Park)

贾斯珀国家公园成立于1907年，是加拿大第七座国家公园。位于落基山脉最北面，南端与班芙国家公园相连，占地10878平方公里，是落基山脉地区最大的国家公园。园内的湖泊有800多个，还有连绵起伏的群山，这些都是大自然的杰作。公园内经常有麋鹿、山羊、大角羊等野生动物出没，多数动物对人都比较友好，甚至摆出姿势让游人拍照，成为一道独特的风景。

公园的中心地带还有一座小镇——贾斯珀镇，是班芙镇之外加拿大落基山

By eleephotography

脉中又一个适宜的落脚点。小镇上南北走向的康诺特街(Connaught St.)是主要街道，两旁布满了酒店和餐馆。

>> 气候特点

贾斯珀公园的平均海拔为1062米，不同海拔的气候也迥然不同。4月中旬山谷底部出现春色，而山上森林地带要到6月中旬才迎来春天。7月是公园最温暖的月份，每日最高气温可达22.5℃，不过整个夏季十分短暂。9月和10月是秋季，气候比较凉爽。接下来的冬季则比较漫长，1月是最冷的月份，平均最低气温达到零下7℃~8℃。

>> 开放时间

贾斯珀国家公园全年开放。园内主要的旅游路线，可能会因为恶劣天气的出现而暂时关闭。

计划于公园旺季，即7月和8月进入公园游览的旅客，建议提前预订住宿。

>> 公园门票

公园一日游入园券(可进入班芙及贾斯珀两座公园)

成人：8.9加元

儿童：4.45加元

老人：7.65加元

>> 来往交通

贾斯珀国家公园位于埃德蒙顿以西370公里、卡尔加里以北404公里、温哥华东北805公里处。

公路

横贯加拿大的16#公路(也称黄头公路)横穿贾斯珀公园，是驾车前往的主要道路，沿途风景十分迷人。另外，可以经加拿大1#公路转入冰原道路进入贾斯珀，这条路线也同样临近路易斯湖和班芙镇。

航空

没有航班可以直接到达贾斯珀国家公园，不过，埃德蒙顿、卡尔加里、温哥华都有国际机场，可以经这些城市转机。

铁路

Via Rail提供经埃德蒙顿和温哥华前往贾斯珀的日常火车路线。

长途汽车

灰狗巴士运营长途汽车，每天有4班从埃德蒙顿出发前往贾斯珀，路程约为4.5小时，票价52加元；从坎卢普斯发来的车每天两趟，路程约为6小时，票价约60加元。

汽车站地址： 607 Connaught Dr
电话： 001-780-8523926

▶▶ 经典景点

马林湖(Maligne Lake)

马林湖位于贾斯珀镇东南方向48公里处，是加拿大落基山脉最大的冰川湖，湖水温度即便在夏季也接近冰点，冬季则成为热门的滑冰场，湖边生活

By eleephotography

着许多野生动物，运气好的话可以碰到。夏季，游客可坐船到达湖深处的精灵岛(Spirit Island)游玩，精灵岛的景致十分优美。

交通： 贾斯珀镇上有到马林湖的区间车，每天8:30、10:00、11:30、13:00、16:00发车，票价12加元

梅耶特温泉(Miette Hot Springs)

温泉位于贾斯珀国家公园东侧，是加拿大落基山地区温度最高的泉水，最初温度为54℃，后经人工方法降至39℃，以便游人洗浴。温泉配有旅舍和餐厅，食宿方便，附近有步行小径，可以徒步旅行或探险。

交通： 从贾斯珀出发沿Hwy 16向北行驶约1小时可达

开放时间：5月中旬~6月中旬10:30~21:00
　　　　　6月下旬~9月8:30~22:30

派翠西亚湖和金字塔湖(Patricia & Pyramid Lake)

派翠西亚湖和金字塔湖是紧邻的两个湖泊，两处湖泊虽都不是很大，却很受欢迎。湖边有许多适合徒步和骑马的小路，金字塔湖畔还有一片柔软的沙滩，是野餐、聚会、玩耍的好去处。

交通： 从贾斯珀镇沿Pyramid Lake Rd向西北方向行驶即可先到达派翠西亚湖，继续前行可到达金字塔湖。

魔法湖(Medicine Lake)

正如其名字，这是加拿大落基山脉中最神秘的湖泊，每年会消失一次——魔法湖的水位受地下排水系统

By wonkanerd

的影响时高时低，秋季开始湖水渐渐减少，直至整个湖消失；而夏天随着冰雪融化，魔法湖又会再次出现。

交通： 从马林湖沿Maligne Lake Rd向北行驶约20公里即到。

艾迪和安妮特湖(Edith & Annette Lakes)

这两个湖距离16号高速公路不远，位于海拔1000米处，原本属于同一个湖，后来因水位下降形成了现在的两个小湖。湖水温度较高，周围气候较为温

和，适合湖边散步或野餐。

交通：从小镇出发沿Lodge Rd向东北方向行驶至3公里处即到。

伊迪斯·卡韦尔山(Mt. Edith Cavell)

By blueboy1478

在贾斯珀镇四周的群山中，给人印象最深的就是这座海拔3363米的高峰。游客可以到山脚下近距离欣赏，但在冬季此山已是冰封雪地，不易攀登太高。

交通：沿冰原园林大道向班芙方向行驶，途中拐入旧国道93A，再驱车沿右侧山路上行约45分钟即可到达山脚下。

▶▶ 当地住宿

贾斯珀国家公园的住宿主要集中在贾斯珀镇，情况同班芙镇类似，虽然旅馆很多，但在旅游旺季需要提前预订，淡季与旺季的价格差距很大。

Jasper Park Lodge

这是一座别墅式旅馆，于1921年建成，是当时世界最大的木屋建筑，1952年因火灾而损毁，后在重建时扩大了规模。目前饭店的设施包括餐厅、休息室、商店及高尔夫球场等。

地址：Old Lodge Road Jasper
电话：780-852-3301
价格：淡季129加元起；旺季459加元起

Whistlers Inn

旅馆位于火车站附近，地理位置优越，一楼设有礼品店和餐厅。

地址：105 Miette Ave, Jasper
电话：780-852-4987
价格：淡季95加元起；旺季170加元起

Mount Robson Inn

这是一家温馨舒适的旅馆，出行很方便。

地址：902 Connaught Drive

电话：780-852-3327

价格：淡季59加元起；旺季105加元起

如需了解更多酒店住宿设施，可联络贾斯珀信息中心

贾斯珀信息中心(Jasper Information Centre)

地址：500 Connaught Dr

电话：001 780 8526177

开放时间：夏季9:00~19:00；其他季节9:00~16:00

餐饮美食

除了许多酒店本身带有的餐厅，贾斯珀镇街道上的餐厅也很多，各种口味的菜肴都能找到。

By Thorlakur

Earl's

一家高档的意大利餐厅，菜肴精致可口。

地址：600 Patricia St 2nd Flr, Jasper

电话：780-852-2393

Villa Caruso

主营希腊菜，以牛排最为著名，此外还提供海鲜、面食等。

地址：640 Connaught Dr 2nd Flr Jasper

电话：780-852-3920

La Fiesta

餐厅的装饰风格是地中海式，在落基山脉的群山中显得很特别，厨师精心搭配的各种小吃值得推荐。

地址：504 Patricia Street, Jasper

电话：780-852-0404

Szechuan Chinese

中餐厅，以川菜为主，也提供一些粤菜和粤式茶点。

地址：504 Patricia St

电话：780-852-5610

▶▶ 娱乐活动

　　远足——贾斯珀国家公园从1907年建园，至今已超过100年，如今园内已具备分布广泛的自然路网，为想进行野外远足的游人提供了多种选择。在公园的旅游信息处，游客可以查询详细的徒步路线，还可以申请去园内偏远地区探险，不过必须购买一张偏远地区准入证，费用为每人每天6加元，最长可申请5天。

By Arbron

　　垂钓——贾斯珀国家公园湖泊众多，是垂钓者的天堂，湖中生存着鳟鱼、梭鱼等多种野生湖鱼，在马林湖还可以乘船用渔网捕捞。贾斯珀镇有很多渔具店，可以购买或租用渔具。

　　独木舟——每年的夏季或5月~10月间，独木舟项目Rocky Mountain Voyageurs不可错过，游客可以搭乘昔日皮毛商人使用过的大型独木舟，沿着阿萨巴斯卡冰原的融水顺流而下，尽赏沿岸的自然风光，行程约两小时，费用在45加元左右。

By anoldent

　　露营——贾斯珀国家公园的露营项目很受欢迎，旺季的时候这里有1700多处宿营场地供选择。

　　越野滑雪——贾斯珀国家公园为滑雪者们提供了选择多样的场地和路线。越野滑雪需有向导陪同，滑雪路线可在公园的说明指南中查询。

　　雪地健行——在贾斯珀的山野中穿上雪鞋，在冬日暖阳下，去追寻动物踪迹、观赏雪景奇观、感受林木清香，可以体会到与普通徒步全然不同的乐趣。

　　乘坐雪橇——在Pyramid Bench可以乘坐雪橇，雪橇起点距离贾斯珀市中心约5分钟车程。每辆雪橇可容纳12人，沿Marriage路径行驶，行程耗时两小时。

库特尼国家公园(Kootenay National Park)

库特尼国家公园成立于1920年，面积达1406平方公里，东接班芙国家公园，北临幽鹤国家公园。"库特尼"在印第安语中意为"来自山背的人"，其本身也是印第安人诸部落的一支，而他们所生活的这片区域被称为库特尼。

库特尼国家公园相较于其他加拿大落基山脉的国家公园气候温和许多，而夏季十分炎热，因此这里生长了大量的热带植物。在加拿大众多国家公园中，库特尼同时拥有寒带冰河风貌及热带植物景观而闻名。公园内随处可见的蕴含铁矿的红色岩石，也是库特尼国家公园的特色景观。

▶▶ 开放时间

库特尼国家公园全年开放，公园最佳旅游季节为夏季，不过近年来由于春天来公园游览的人越来越多，其他季节旅游也逐渐流行。库特尼国家公园中主要的旅游路线全年开放，但可能因为天气原因暂时关闭。

By mckaysavage

>> 公园门票

成人：9加元

儿童：4.5加元

>> 来往交通

库特尼国家公园位于温哥华西部888千米处、卡利加尔以西170千米处。

公路

从班芙出发往西，沿着1号高速(约30千米)，向左拐入Trans Canada Hwy，接着走93号公路(约11千米)，即进入库特尼国家公园；最远的瑞迪恩(Radium Hot Springs)距离班芙134千米。

航空

最近的机场位于温哥华和卡利加尔，有多趟航班抵达，随后可通过其他交通方式进入库特尼国家公园。

长途汽车

温哥华和卡利加尔机场均有灰狗巴士(Greyhound bus)班车抵达库特尼和瑞迪恩温泉(Radium Hot Springs)。

租车

在库特尼国家公园内没有租车点，最近的租车服务点位于瑞迪恩温泉(Radium Hot Springs)。

如需了解更多旅游服务信息，可咨询游客中心

Kootenay National Park Visitor Centre

地址：7556 Main Street East; Radium Hot Springs, B.C.

电话：250-347-9505

E-mail：kootenay.info@pc.gc.ca

经典景点

By tedkerwin

辛克莱峡谷(Sinclair Canyon)

由石灰岩构成的辛克莱峡谷是公园内的著名景点，宽600公尺，深36公尺，是历经近万年所形成的自然奇观。辛克莱峡谷是"一夫当关，万夫莫开"的咽喉要道，两侧是悬崖峭壁，与地面几乎垂直，地势险峻。

瑞迪恩温泉区(Radium Hot Springs)

库特尼国家公园内大大小小的温泉对游客构成很大的诱惑，

By Danny Nicholson

其中最著名的是瑞迪恩温泉区。瑞迪恩温泉区是加拿大开发得最完整、交通最方便的温泉度假景观区，也是落基山脉三大温泉之一。

瑞迪恩温泉以含有微量的放射性元素镭著称。镭温泉与落基山脉的其他温泉不同，几乎没有气味，温度也相当高。温泉水源自红岩断层(Redstreak Breccia Fault)，是雨水或雪水渗入地下后，经地热加温、加压重新回到地表而形成的温泉，由于含大量矿物质，有很好的治疗和保健效果。

瑞迪恩温泉镇(Radium Hot Springs)

瑞迪恩温泉区所在的小镇就是瑞迪恩温泉镇，是库特尼国家公园内最大的城镇。

库特尼国家公园游客中心(Kootenay National Park Visitor Centre)位于瑞迪恩温泉镇，该镇的旅游设施齐全，有大量餐馆、旅馆和商店，镇上居民喜欢以鲜花装饰小镇，使得整座小镇看上去十分喜庆。

朱砂隘口(Vermillion Pass)

By Redeo

朱砂隘口是不列颠哥伦比亚省与阿尔伯塔省的分界点，也是班芙与库特尼国家公园的分界线，海拔1651米，景点处的主要标志是三面旗帜和一个水泥界碑。

朱砂隘口也是著名的大陆分水岭(Continental Divide)。界碑以东，河水流经弓河、沙斯卡奇万河汇入大西洋；界碑以西，河水经朱砂河、库特尼河，汇入哥伦比亚河最终流入太平洋。

彩绘池(Paint Pots)

彩绘池位于朱砂河畔，是库特尼国家公园内的著名景点。在朱砂河有一个小小的钢索斜拉桥，跨过之后就可以看到遍地的红土以及红色河水，这里就是彩绘池。

By tropical.pete

橄榄湖(Olive Lake)

橄榄湖是库特尼国家公园内著名的湖泊之一，紧依公路，与落基山脉中的其他湖泊相比，其小巧超出游人的想象，或者称其为池塘更贴切。但是与其他冰川融水形成的湖泊不同，这里湖水极为清澈，颜色呈橄榄绿色，也因此得名橄榄湖。

By laudu

PLEASE STAY OFF THE BANK FRAGILE AREA

5

幽鹤国家公园 (Yoho National Park)

幽鹤国家公园处于北美洲大陆分水岭西坡，位于不列颠哥伦比亚的东部，南面是库特尼国家公园，东面与班芙国家公园毗邻。幽鹤国家公园占地1313平方公里，是临近的4个加拿大国家公园中面积最小的一个。YOHO在落基山脉的土著语里表示"惊奇、恐怖的"，大概因其陡峭的山峰、狭长的河谷及大片冰川让人心生敬畏。

By kla4067

From officila site

⟫ 气候特点

幽鹤国家公园的气候属于多变的局部气候，夏季从6月中旬至9月中旬，平均气温12.5℃，最高可至20℃，最低可达5℃。在海拔1500米以上，即使在夏季也经常出现冰冻雨雪天气。夏季的7月和8月份是公园的旅游旺季。冬季一般从11月份延续到来年4月份，温度从10℃至-35℃，12月至2月是公园最为寒冷的季节。

⟫ 来往交通

通往幽鹤国家公园的主要公路是Trans-Canada Highway (TCH or Hwy #1)，这条双车道的公路允许公务车及私家车通行。离公园最近的机场位于卡里加尔(Calgary)，距离公园有210公里(2.5小时车程)。

⟫ 公园门票

成人：9加元
儿童：4.5加元

更多旅游资讯可咨询公园游客中心
Yoho National Park Visitor Information Centre
地址：Box 99, Field, B.C. Canada V0A 1G0
电话：250-343-6783
传真：250-343-6012
E-mail：yoho.info@pc.gc.ca

⟫ 经典景点

幽鹤河(YOHO River)

位于幽鹤谷路(Yoho Valley Road)2.5公里处，幽鹤河与踢马河(Kicking Horse River)交汇。幽鹤河海拔落差较大，河水挟带大量砂石奔腾而下，水色灰浊；而踢马河流到交汇处之前已经经过几处湖泊的沉淀，河水清澈碧绿，因此两河交汇之处显得泾渭分明。

每年10月到次年的6月中旬，全长13公里的幽鹤谷路不铲雪也不开放通车。

By ick McCharles

奥哈拉湖(Lake O'Hara)

奥哈拉湖是位于踢马河上游支流处的高山湖泊，为维护湖区脆弱的生态系统，此处禁止私人车辆甚至自行车驶入，只允许限制人数的电动巴士驶入，否则游人需要徒步11公里才能到达湖区。

贴 小 士 tips

乘坐巴士必须提前预约，最早可提前3个月。

翡翠湖(Emerald Lake)

如它的名字一样，翡翠湖犹如一块碧绿的翡翠。尽管看上去和路易斯湖(Lake Louise)和马林湖(Maligne Lake)有些相似，但由于名气较小，这里的宁静和温馨反而更胜一筹。

By Angelique Eeek

塔卡卡瀑布(Takakkaw Falls)

"Takakkaw"在印第安语中意为"真奇妙"，塔卡卡瀑布奔腾的水柱从悬崖峭壁倾泻而下，气势磅礴。瀑布水源来自瓦普堤克冰原(Waputik Icefield)融化而成的大里冰河(Daly Glacier)，水势因季节变化而变化，夏天的午后水量最丰沛。该瀑布落差高达380英尺，虽不及尼加拉瓜瀑布雄伟，但高度是后者的6倍，是加拿大境内最高的瀑布。

By Alaskan Dude

伯吉斯页岩(Burgess Shale Formation)

除了美丽的山水风光，幽鹤国家公园的地质奇观也不应错过，最著名的就是号称能挑战达尔文进化论的伯吉斯页岩化石床(Burgess Shale Fossils Beds)。1909年，考古学家华寇(Charles Walcott)在翡翠湖畔发现了伯吉斯化石床，重现了5亿3千万年前的地球生态。多种海洋动物的化石在寒武纪时代的突然大量出现，完全改写了生物演化史。

菲尔德镇(Field)

1884年因铁路崛起的菲尔德镇，与班芙镇和贾斯珀镇一样，是落基山脉国家公园范围内少有的市镇，目前有300多居民在此居住，多是铁路公司或国家公园的雇员。菲尔德镇曾于1900年代初期风光一时。之后随着汽车与公路的快速发展，菲尔德从绚烂回归平静。

Canada

Chapter 1 社交篇

Chapter 2 出入境

Chapter 3 出行篇

Chapter 4 住宿篇

Chapter 5 就餐篇

Chapter 6 观光篇

Chapter 7 购物篇

Chapter 8 麻烦多多

PART 2

沟通无障碍

社交篇

Chapter

1

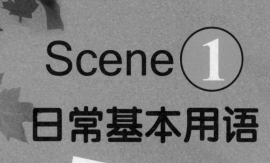

Scene ①

日常基本用语

日常用语是生活中最基本的交流用语，如问好、道别、问价格、简单地介绍自己等，而旅行中与人的交往也是避免不了的，从踏上飞机那一刻起，我们就会用到交流用语，掌握一些基本的沟通技巧，如见面寒暄、道谢、道歉、告别等，将使我们的旅程更加轻松顺利。

▶▶ 场景救命句

救命句1：　你好吗?

英文：How are you?

谐音：好　啊　油?

这句话出现的频率极高，无论是相熟的友人，还是超市的店员，都很喜欢说这句。当对方说这句话时，一般可以回答 Fine, thank you, and you? (我很好，谢谢，你呢?)

救命句2：　非常感谢。

英文：Thank you very much.

谐音：三克　油　外瑞　嘛池。

基本用语	**请。Please.**
	◎ 谢谢！Thank you!
	◎ 对不起（请再重复一遍）。May I beg your pardon? = Pardon?
	◎ 当然。Of course.
	◎ 对不起，打扰一下。Excuse me.
	◎ 请稍等。Just a minute, please.

询问时间	**现在几点了？What time is it now?**
	◎ 1点45分。It's a quarter to two.
	◎ 您能告诉我现在几点吗？ Could you tell me what time is it now?
	◎ 我的手表是3点15分。My watch says 3:15.

花费时间	**要花很长时间吗？Will it take long?**
	◎ 这不会花很长时间。This won't be long.
	◎ 我白白浪费了一整天。I wasted a whole day.
	◎ 我的时间安排得很紧。I'm pressed for time.

询问日期	**今天几号？What date is it today?**
	◎ 今天8月13日。It's August the thirteenth.
	◎ 今天星期几？What day is it?
	◎ 星期五。It is Friday.

询问天气	**今天气温多少度？What's the temperature today?**
	◎ 外面的天气如何？ What is the weather like out there? = What's it like out there? = How is the weather out there?
	◎ 今天天气很好。It's a beautiful day.
	◎ 天气真好/ 真糟糕！ What wonderful / terrible weather!
	◎ 摄氏20度。It's twenty degrees centigrade.
	◎ 道路很滑。The roads are icy.
	◎ 我们刚遇到了一场倾盆大雨。We had a downpour.

1 ⭐ 请求复述

| A: 不好意思，我没听明白您说什么。 | B: 我说，你需要我帮你吗？ |

A: I'm sorry, may I beg your pardon?
B: I said, "Do you want me to help you?"

2 ⭐ 询问时间

| A: 对不起，打扰一下，您能告诉我现在几点吗？ | B: 当然。整十点。 |

A: Excuse me, could you tell me what time is it now?
B: Of course. It's ten o'clock.

3 ⭐ 询问日期

| A: 今天是几号？ | B: 今天是5月1日。 |

A: What's the date today?
B: Today's the first of May (May the first).

4 ⭐ 询问天气

| A: 外面的天气如何？ | B: 相当热。 |

A: How is the weather out there?
B: It's pretty hot.

5 ⭐ 询问温度

| A: 你知道今天的气温吗？ | B: 不太清楚，可是很热，应该超过30度了吧。 |

A: Do you know what the temperature is like today?
B: I don't know, today is hot, maybe it's over 30 degrees centigrade.

6 ⭐ 询问是否会下雨

| A: 今天会下雨吗？ | B: 天气预报说晚上会下雨。 |

A: Is it going to rain today?
B: The report said it would be raining at night.

7 ⭐ 询问旅游多久

| A: 你会在加拿大待多久？ | B: 大约两周吧，下周就回中国了。 |

A: How long will you stay in Canada?
B: About two weeks. I will go back to China next week.

关 于 时 间

at night 在夜里　　　　on Sunday 在星期天　　this week 这星期
at the weekend 在周末　yesterday 昨天　　　　today 今天
in the morning 在早晨　 in the afternoon 在下午
in the evening 在晚上　　within a week 在一周之内
this morning/this evening 今天早晨/晚上

星　期

Monday 星期一　　　　Tuesday 星期二　　　Wednesday 星期三
Thursday 星期四　　　 Friday 星期五　　　　Saturday 星期六
Sunday 星期日

月　份

January 一月　　　　　February 二月　　　　March 三月
April 四月　　　　　　May 五月　　　　　　June 六月
July 七月　　　　　　 August 八月　　　　　September 九月
October 十月　　　　　November 十一月　　　December 十二月

季　节

spring 春季　　　　　　summer 夏季
autumn 秋季　　　　　　winter 冬季

天　气

hot 热的　　　　　heat 炎热　　　　heatwave 热浪　　cloudy 多云的
cold 寒冷的　　　 wet 湿的　　　　 fog 雾　　　　　　drizzle 毛毛雨
rain 下雨　　　　 shower 阵雨　　　 rainy 多雨的　　　snow 下雪
sunshine 阳光　　sunny 晴朗的　　　warm 温暖的　　　wind 风

Scene ②
人际交往

除了基本的日常用语，我们在旅行生活中还会经历各种人际交往，比如问候、道别、致谢、相互介绍以及个人情况的简单攀谈，掌握这些方面的一些沟通语句，对我们的旅行生活极有帮助。

▶▶ 场景救命句

救命句1： 非常感谢你的帮助。

英文：Thank you so much for your help.

谐音：三克　油　搜　嘛池　富奥　有额　海鸥破。

旅途中，我们可能需要寻求帮助，这时一句 Thank you so much for your help. 会显得得体又礼貌。

救命句2： 你真是太好了。

英文：That's really nice of you.

谐音：赞次　瑞尔里　奈斯　额无　油。

问候	**你好/您好。Hello./ Hi./ How are you?**
	◎ 最近怎么样？What's up?
	◎ 你好。（初次见面问好）How do you do?
	◎ 很高兴见到你。(It's) nice to meet you.
	◎ 很高兴认识你。It was a pleasure meeting you.
	◎ 早晨好！Good morning.
	◎ 下午好！Good afternoon.
	◎ 晚上好！Good evening.

道别	**下次见。See you later.**
	◎ 希望再见到你。Hope to see you again.
	◎ 祝你有好的一天。Have a nice day.
	◎ 玩得愉快。Have a good time.
	◎ 一路平安。Have a safe trip home.
	◎ 祝你好运。Good luck.
	◎ 晚安。Good night.

道歉	**真的非常抱歉。I'm awfully sorry.**
	◎ 对不起，我弄错了。I'm sorry. I made a mistake.
	◎ 那事儿我觉得很抱歉。I feel bad about it.
	◎ 很抱歉，我失礼了。I'm sorry I was rude.
	◎ 我不知该怎样向您道歉。I don't know how to apologize to you.
	◎ 真对不起，给您添麻烦了。I'm sorry to trouble you.
	◎ 实在对不起，让您费心了。I'm really sorry for troubling you.
	◎ 抱歉，让您久等了。I'm sorry to have kept you waiting.

个人情况	**你多大了？How old are you?**
	◎ 你从事什么职业？What do you do for a living?
	◎ 我在……工作。I work for...
	◎ 我已经退休了。I'm retired.
	◎ 我还在上学。I'm still at school.
	◎ 我是名学生。I'm a student.

来历 与居所	**你从哪里来？Where are you from?**
	◎ 我来自……I'm from...
	◎ 你来这里已经很久了吗？Have you been here long?
	◎ 你要在这里待多久？How long are you staying?
	◎ 你是第一次到这里吗？Is this your first time here?
	◎ 你觉得这里怎么样？What do you think of it?

初次见面

| A：休斯夫人，这位是皮特·布朗。 | B：很高兴认识你。 |

A: Mrs. Hughs, this is Peter Brown.
B: Nice to meet you.

询问来历

| A：你从哪里来？ | B：我来自北京。 |

A: Where are you from?
B: I'm from Beijing.

语言障碍

| A：您讲汉语吗？ | B：我只能讲一点儿。 |

A: Do you speak Chinese?
B: I only speak a little.

提出建议

| A：我们应该找个时间聚聚。 | B：嗯，很好啊。 |

A: We should get together sometime.
B: Yeah, that would be nice.

道别

| A：我过来跟你说声再见。 | B：你什么时候离开？ |
| A：我周日下午就飞回去了。 | B：好，再见，希望很快能再见到你。 |

A: I've come to say goodbye.
B: When are you off?
A: I'm flying home on Sunday afternoon.
B: Well, goodbye. See you soon.

寻找座位

| A：对不起，你介意我坐这儿吗？ | B：没事儿，坐吧。 |

A: Excuse me, do you mind if I sit here?
B: No, go right ahead.

见面寒暄

| A：我不得不说，见到你很高兴。 | B：我也是。 |

A: I have to say, it's great to meet you.
B: Same here.

邀请&建议

invite 邀请	ask 邀请	want 想	would like to 愿意
suggest 建议	offer 提议	hope 希望	wish 希望

拜　访

schoolmate 同窗	gift 礼物	guest 客人
friendship 友谊，友情	on time 准时	friend 朋友
visiting/ calling card 名片	caller 访客	compatriot 同胞
reception room 会客室	relation 亲戚，家属	
chat about/ have a chat about 聊天		

时间&地点

when 什么时候	bar 酒吧	this weekend 这周末
where 什么地方	gate 大门口	theater 剧院
whenever 任何时候	café 咖啡厅	square 广场
specific time 确切时间	rain check 下次还有机会	

Scene ③
情感表达

简单的人际交往中，我们只需要把需要表达的事情交代清楚，但是在深入的交流中，我们则需要表达我们的意见及情感，如同意、反对、拒绝、赞美等等。在国外旅游时，与当地人攀谈、购物、寻求帮助等过程中，这些都是非常实用的。

》》 场景救命句

救命句1：　我同意你的观点。

英文：I agree with you.

谐音：爱 额格瑞 威姿 油。

救命句2：　你看上去很漂亮。

英文：You look beautiful.

谐音：油 卢克 必有特赴。

在与人的交往中，我们经常会被要求表达一些看法，而加拿大人性格奔放，经常会直接询问别人对自己的看法，比如女主人会问客人对自己衣着的看法，这时就可以回答：You look beautiful!

赞同	**有道理。That makes sense.**
	◎ 我想你是对的。I guess you're right. 　 = I suppose you're right. ◎ 我同意。I agree with you.
反对	**那不会有用的。That's not going to work.**
	◎ 我不能理解。I don't understand. ◎ 我不同意你的观点。I can't agree with your views.
拒绝	**我不想……I don't want to...**
	◎ 我对此没有兴趣。I have no desire to do that. ◎ 这不可能（行不通）。That's out of the question. ◎ 决不。Certainly not! /No way!
赞美	**这真是个好地方！This is really a nice place.**
	◎ 这个很好吃！The food is delicious. ◎ 每样东西都很美味！Everything tastes great.
祝福	**新年快乐！Happy New Year!**
	◎ 祝您身体健康！I wish you the best of health. ◎ 愿幸福永远跟随着你！ 　 May happiness follow you wherever you go! ◎ 愿你过个最棒的圣诞节。 　 I hope you have the best Christmas ever.
相信	**听起来像真的。Sounds true.**
	◎ 这是令人信服的。It's convincing. ◎ 我知道你是认真的。I believe you are serious. ◎ 没什么可怀疑的。There is no doubt about it.
怀疑	**你是认真的吗？Are you serious?**
	◎ 你确定吗？Are you sure? ◎ 你在开玩笑吧？Are you kidding?
鼓励	**来吧，高兴点儿。Come on, lighten up.**
	◎ 别气馁！Keep your chin up! ◎ 你能做到的！You can do it! ◎ 我希望你坚强点。I'm counting on you to be strong.

1 ⭐ 有道理

| A：如果我们不能一起去的话，我觉得去就没有意义了。 | B：是的，有道理。 |

A: I just don't see the point in going if we aren't going together.
B: Yeah, that makes sense.

 2 ⭐ 行不通

| A：我觉得那是一个好主意。 | B：恐怕行不通。 |

A: I think it's a good idea.
B: It won't work.

 3 ⭐ 新年祝贺

| A：新年快乐！ | B：新年快乐！ |

A: Cheers to the New Year!
B: Happy New Year!

 4 ⭐ 干杯

| A：我们为什么而干杯？ | B：为我们的友谊干杯！ |

A: What should we drink to?
B: Let's have a toast to our friendship!

  5 ⭐ 赞美他人

| A：你的妻子很有魅力！ | B：谢谢。 |

A: Your wife is very charming.
B: Thank you.

   6 ⭐ 表示怀疑

| A：听起来很可疑。 | B：你可以相信我。 |

A: It sounds suspicious to me.
B: You can trust me.

 7 ⭐ 表达鼓励

| A：别气馁！ | B：我们再试一次。 |

A: Don't give up now!
B: Let's try again.

鼓　励

cheer up 振作起来　　come on 打起精神　　take it easy 放松
do best 尽力　　　　go for it 勇敢点　　try harder 加把劲
try it 试一下　　　　face it 面对现实　　keep it up 坚持

赞　同

reasonable 合理的　good 好的　　great 棒的　　right 正确的
definitely 肯定地　correct 正确的　wise 明智的　absolutely 当然
perfect 完美的　　well done 做得好　　　　agree 同意

相　信

believe 相信　　　trust 信任，期盼　　true 真实的
credible 可信的　　believable 可信的　　convincing 令人信服的
real 真实的　　　accept 接受　　　convinced 确信的

怀　疑

kid 开玩笑　　joke 玩笑，笑话　come off 胡扯　　talk rot 胡说八道
doubt 怀疑　　suspect 怀疑　　distrust 不相信　impossible 不可能的
really 真的吗?　　　　　question 质疑
incredible 难以置信的　　unbelievable 不可信的

出入境

Chapter

2

Scene ①
预订机票

预订机票都有哪些常用语呢？人在国外要如何应对？让我们一起来看看吧。

>>> **场景救命句**

救命句1： 我要两张到北京的机票。

英文：Two airplane tickets to Beijing, please.
谐音：兔 艾尔帕莱 提凯次 突 北京， 普里兹。

购买机票时，机票分OK票和OPEN票两种：在加拿大，买完机票后需要预订座位。预订好座位的票被称为OK票，反之则称为OPEN票。购买机票而未预订座位，是不能登机的。

救命句2： 去温哥华的机票多少钱?

英文：How much is the ticket to Vancouver?
谐音：蒿 嘛池 意思 则 提凯特 突 万库文?

打电话预订

还有空座位吗？Are there still seats available?

◎ 我想预订10月1日飞往多伦多的航班。
I'd like to reserve a flight to Toronto for the first of October.

◎ 您必须在飞机起飞前45分钟或1小时到机场。
You have to be there forty-five minutes or an hour before the departure.

◎ 下一班飞往……的飞机何时起飞？When's the next flight to...?

◎ 我想确认一下我预订的机票。I'll confirm my reservation.

◎ 如果可能的话，我想更改一下我预订的机票。
I'd like to change my reservation if possible.

◎ 我想取消这次飞行。 I'd like to cancel this flight.

单程&双程准备

买一张双程票。A return ticket, please.

◎ 我想订一张飞往……的单程机票。I'd like to book a single flight to ...

◎ 我想订一张飞往……的往返机票。I'd like to book a return flight to ...

◎ 请买两张明天去温哥华的单程票。
Two one-way tickets to Vancouver tomorrow, please.

◎ 你要往返机票还是单程机票？
Do you want round or one-way tickets?

经济舱&头等舱

在吸烟区还是在无烟区？ Smoking or non-smoking?

◎ 您想要头等舱、商务舱还是经济舱？
Do you want first class, business class, or economy class seats?

◎ 我能订一张去多伦多的经济舱机票吗？
Could I book an economy class ticket to Toronto?

◎ 我想订一张头等舱的机票。
I would like to book a first class seat.

◎ 经济舱机票都已经订光了。
The economy tickets have been fully booked.

◎ 经济舱的无烟座。
Non-smoking seats of economy class, please.

价钱

票价有什么不同？ Is there any difference in price?

◎ 提前预订机票可以得到八折的优惠。
You can have a 20 percent discount off by making reservations in advance.

◎ 去温哥华的机票多少钱？How much is the ticket to Vancouver?

◎ 单程机票价格是500加元。The single way is 500 Canadian dollars.

◎ 双程票是不是便宜一点儿？ Is a return ticket cheaper?

1 ☆ 预订机票

| A: 我要一张明天到渥太华的机票。 | B: 请稍等。 |

A: A ticket to Ottawa for tomorrow, please.
B: Please wait a minute.

2 ☆ 单程票

| A: 请给我一张去温哥华的单程票。 | B: 好的。500加元。 |

A: A one-way ticket to Vancouver, please.
B: I see. 500 Canadian dollars.

3 ☆ 往返票

| A: 有什么可以帮你的? | B: 我要订一张去多伦多的往返票。 |

A: May I help you?
B: I'd like to book a round ticket to Toronto.

4 ☆ 经济舱

| A: 您要买什么票,经济舱还是头等舱? | B: 经济舱,谢谢。 |

A: How do you want to fly, economy class or first class?
B: An economy seat, please.

5 ☆ 商务舱

| A: 商务舱更适合你。 | B: 谢谢,就买商务舱吧。 |

A: A business class is more suitable for you.
B: Thank you. That's it.

6 ☆ 机票价格

| A: 您能告诉我经济舱的票价吗? | B: 300加元。 |

A: Could you tell me what the economy class fare is?
B: It's 300 Canadian dollars.

7 ☆ 打折机票

| A: 挺贵的,你有打折机票吗? | B: 有,但打折机票是不可以退票的。 |

A: It's quite expensive. Do you have any tickets with discount?
B: Yes, but the tickets with discount price are nonrefundable.

8 ☆ 确认订票

| A: 你好,有什么需要? | B: 我想确认一下我预订的机票。 |

A: Hello. Can I help you?
B: I'd like to confirm my flight reservation.

预订事宜

book 预订	reserve 预订	consult 咨询	price 价钱
departure 出发	destination 目的地	transfer 转机	through 直达
flight 班机	airline 航线	discount 打折	cabin 机舱
seat 座位	ID card 身份证	address 地址	

机 舱

first class 头等舱	economy class 经济舱	business class 商务舱
type 类型	space 空间	spacious 宽敞的
narrow 狭窄的	environment 环境	

往返程&价格

single 单程	one-way 单程	single-pass 单程
return 双程	round trip ticket 双程票	price 价格
cost 花费	half price 半价	how much 多少钱
cheap 便宜的	pay for 付款	discount 打折，折扣
cost-efficient 划算的	expensive 昂贵的	

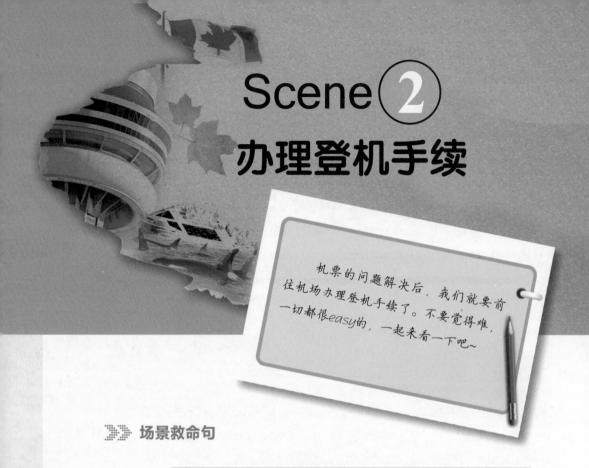

Scene ②
办理登机手续

机票的问题解决后，我们就要前往机场办理登机手续了。不要觉得难，一切都很easy的，一起来看一下吧~

▶▶ 场景救命句

救命句1： 在哪儿办理登机手续？

英文：Where is the check-in counter?

谐音：外而 意思 则 拆克印 康特？

小贴士　进入机场，首先要找的地方便是登机手续办理通道，所以有了这句话，你就可以非常轻松地找到办理登记手续的地方，也不会在机场迷路了。

救命句2： 我该在哪个门候机？

英文：Which gate should I wait at?

谐音：为驰 给特 树的 哎 威特 艾特？

登机手续	**我想办理飞往北京的航班的登机手续。** **I want to check in for my flight to Beijing.**

◎ 什么时候办登机手续？ / 何时办理登机手续？
What is the check in time?/ When do I have to check in?

◎ 办理登机手续时须出示护照吗？
Do I have to show my passport at the check–in desk?

登机牌	**请出示您的登机牌。Would you show me your boarding pass?**

◎ 打扰一下，在哪儿可以换登机牌？
Excuse me, where could I change the boarding pass?

◎ 这是您的机票和登机牌，请收好。
Here are your ticket and boarding pass. Please keep them.

◎ 我丢了登机牌，请给予帮助，多谢。
I lost my boarding pass, please help me. Thank you very much.

安检	**请依次站好准备安检。** **Please stand in line and get ready for the check.**

◎ 请走安检通道接受安检。
Please take the security passage and accept security check.

◎ 请将机票或登机牌准备好接受安检。
Please have your ticket or boarding pass ready for inspection.

登机行李	**重量限制是多少？ What's the weight limit?**

◎ 登机前，我得托运我的行李。
Before boarding the plane, I'll have to check in my luggage.

◎ 您好，请问在哪里托运行李？
Hello! Where can I transfer my baggage?

◎ 登机时随身可以带多少手提行李？
How much hand baggage can I take with me?

登机门	**你现在可以去登机门。You may now go to the gate.**

◎ 请问这班飞机的登机门是几号？
What is the boarding gate number of this flight?

◎ 这班飞机的登机门在哪儿？
Where is the boarding gate of this flight?

◎ 你的登机门在航站的另一头。
Your gate is on the other side of the terminal.

1 办理手续

A: 什么时候开始办理登机手续？　　B: 下午两点钟。

A: When does the check-in time begin?
B: 2 o'clock p.m..

2 询问柜台

A: 办理登机手续的柜台在哪里？　　B: 就在那里。

A: Where is the check-in counter?
B: It's right over there.

3 登机时间

A: 我们什么时间开始登机？　　B: 一个小时以后。

A: What time do we start boarding?
B: An hour later.

4 出示登机牌

A: 下午好，先生。请您出示登机牌好吗？　　B: 在这里。

A: Good afternoon, sir. May I see your boarding pass?
B: Here you are.

5 登机门号

A: 请问我要从几号门登机？　　B: 8号。

A: What gate does my flight depart from?
B: You should proceed to Gate 8.

6 接受安检

A: 请将机票或登机牌准备好接受安检。　　B: 好的。

A: Please have your ticket or boarding pass ready for inspection.
B: OK.

7 托运行李

A: 您有行李需要托运吗？　　B: 我想托运这三件行李。

A: Do you need to check in for any of your luggage?
B: I want to check in these three pieces.

8 免费限额

A: 没超出免费行李限额吧？　　B: 它们重5磅，所以正好在重量限额之内。

A: Is that inside the free allowance?
B: They weigh 5 pounds. So it'll be just under the weight.

登机准备

check in 登记	passport 护照	board 登机	prepare 准备
baggage 行李	counter 咨询台	security 安全	inspection 检查
passenger 乘客	limit 限制	tunnel 通道	airport 机场
announcement 注意事项		boarding pass 登机牌	
boarding gate登机口			

关于机场

airport terminal 机场候机楼	departure lounge 候机室
international departure 国际航班出港	luggage claim 行李领取处
domestic departure 国内航班出港	luggage locker 行李暂存箱
international passengers 国际航班旅客	V. I. P. room 贵宾室

机场生活设施

money exchange 货币兑换处	taxi pick-up point 出租车乘车点
car hire 租车处(旅客自己驾车)	public phone/telephone 公用电话
duty-free shop 免税店	toilet/W. C/lavatories/rest room 厕所

关于航班

arriving from 来自	boarding 登机	departure to 前往
transfers 中转	delayed 延误	landed 已降落
departure time 起飞时间		actual time 实际时间
FLT No. (flight number) 航班号		scheduled time (SCHED) 预计时间

Scene ③
在飞机上

飞机上身体不舒服，想找空乘要点晕机药？口渴想喝杯水？想换个临窗的座位？这些用英语应该怎么说呢？

>> **场景救命句**

救命句1： 我的座位在哪里？

英文：Where is my seat?

谐音：外而 意思 麦 希特？

加拿大纬度比较高，气温特别是北部地区，相对国内来说比较低，所以上飞机时最好穿长袖长裤，避免在机上受凉，因为飞机上提供的毯子相对来说也比较薄。

救命句2： 我想要一杯水，谢谢。

英文：I'd like a cup of water, thank you.

谐音：爱得 莱克 饿 卡普 哦呜 沃特，三克 油。

提供服务 **欢迎乘坐本次航班。Welcome aboard.**

◎ 请大家系好安全带。Please fasten your seat belt.

◎ 按一下扶手上的那个开关就行了。
Just press the switch on your arm rest.

◎ 您很可能晕机了，我马上去给您弄些药来。
You're probably airsick, and I'll get some medicine for you right away.

◎ 我可以收走了吗？May I clear the table?

◎ 有什么可以帮忙的吗？What can I do for you?

◎ 有什么需要就叫我。Just holler if you need anything.

索求服务 **我的座位在哪里？Where is my seat?**

◎ 我可不可以躺在那两个空位上？
Could I stretch out on those two empty seats?

◎ 请您收拾一下桌子吧。Can you clear the plates off the table?

◎ 您能给我杯水吗？Can I have some water?

◎ 请给我一个枕头和毛毯。May I have a pillow and a blanket, please?

◎ 你可以打开空调吗？Could you turn on the air-conditioner, please?

恳求帮助 **我可以把行李放在这里吗？Is it OK to leave my baggage here?**

◎ 我可不可以和您换座位呢？Would you mind trading seats with me?

◎ 对不起，小姐，我不知道如何开阅读用的灯。
Excuse me, Miss. I don't know how to turn on the reading light.

◎ 你能帮我把行李放上去吗？Would you help me put this bag up there?

◎ 请帮我叫一下空姐吧。Please help me call a stewardess.

与人攀谈 **何时起飞？When are we taking off?**

◎ 是不是准点到达？Are we arriving on time?

◎ 当地时间是几点呢？What's the local time?

◎ 还有多久到达……？How much longer does it take to get to...?

◎ 这是你第一次坐飞机吗？Is this your first time to take a plane?

突发事件 **她在广播什么？What did she say in the announcement?**

◎ 我的杂志找不到了。I can't find my magazine.

◎ 不好意思，我的牛奶洒了。I'm sorry. My milk is spilled out.

◎ 我胃疼。I have a stomachache.

◎ 对不起，我觉得不舒服。Excuse me, but I feel sick.

◎ 你有带止痛片吗？Do you take pain killers with you?

◎ 有药吗？Do you have any medicine?

1 ☆ 欢迎乘坐

| A: 欢迎乘坐我们的航班。 | B: 谢谢。 |

A: Welcome to take our flight!
B: Thank you.

 2 ☆ 询问座位

| A: 请问我的座位在哪里? | B: 就在您右手的前方。 |

A: Could you tell me where is my seat, please?
B: It's in front of your right hand.

 3 ☆ 提供服务

| A: 能给我一些水吗? | B: 请稍等一会儿。 |

A: Would you give me some water?
B: Wait a moment, please.

 4 ☆ 索要毛毯

| A: 我觉得有点儿冷,能不能再给我一条毛毯? | B: 请稍等,我去给您找一条。 |

A: I'm feeling a bit cool. May I have one more blanket?
B: Please wait a minute, please. I'll go and find one for you.

 5 ☆ 遇到麻烦

| A: 请帮我叫一下空姐。 | B: 你怎么了? |

A: Please help me call a stewardess.
B: What's wrong with you?

 6 ☆ 身体不适

| A: 不好意思,我丈夫胃痛。 | B: 那我帮你叫医生。 |

A: Excuse me. My husband has a stomachache.
B: I'll call the doctor for you.

 7 ☆ 相互交流

| A: 你是第一次乘飞机吗? | B: 是啊,这是我第一次出国。 |

A: Is this your first time to take a plane?
B: Yes. It's my first time to go abroad.

食　物

bread 面包	cake 蛋糕	biscuit 饼干	rice 米饭
chicken 鸡肉	salad 沙拉	fruit 水果	drink 饮料
coffee 咖啡	juice 果汁	milk 牛奶	hamburger 汉堡包
water 水	beer 啤酒	snacks 零食	ice cream 冰淇淋

生　病

sick 生病的	pain 疼痛	fever 发烧	pain killer 止痛药
airsick 晕机	cough 咳嗽	sneeze 打喷嚏	headache 头疼
cold 感冒	appetite 食欲	nausea 恶心	inflamed 发炎的
doctor 医生	medicine 药品	toothache 牙疼	stomachache 胃疼

飞　行

flight/flying 飞行	take-off 起飞	landing 着陆
altitude/height 高度	speed/velocity 速度	circling 盘旋
forced landing 迫降	climbing/gain height 爬升	
lose height/fly low 低飞	night service 夜航	
air route/air line 航线	rock/toss/bump 颠簸	
bumpy flight 不平稳的飞行	smooth flight 平稳的飞行	

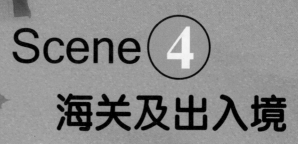

Scene ④
海关及出入境

在海关和出入境的时候，工作人员会询问一些与行李以及旅游行程相关的问题，游客也有一些复杂的程序需要经历，掌握下面这些场景的语句，会让您在这个过程中更加轻松一些。

>> 场景救命句

救命句1： 我要中文的入境卡和海关申报单。

英文：Entry card and Custom declaration in Chinese, please.

谐音：恩锤 卡的暗的 卡斯特魔 得可来瑞深 因 拆尼斯，破里兹。

如果是中国与加拿大的出入境，那么一般情况下都会备有中文及英文两种语言的相关表格，如果你对英文不那么感冒的话，上述这个救命句就非常管用了。

救命句2： 请问……航班转机柜台在哪里？

英文：Where is the .... Transfer desk?

谐音：外而 意思 则…… 喘思佛 带斯科？

入境检查　请出示您的护照。Show me your passport, please.

◎ 海关官员检查了我的护照。
The customs officer inspected my passport.

◎ 这只是一次例行的护照检查。
It is only a routine check of passports.

◎ 您能帮我们填写入境卡吗？Could you help us fill in the arrival form?

◎ 我需要去入境护照检查处进行检查吗？
Do I have to go through Immigration and Passport Control?

通过检疫　不需要入境检疫。A Quarantine Entry is not required.

◎ 先生您好，请把出境健康检疫申明卡交给我。
Hello, sir, please hand in the Health and Quarantine Declaration Form on Exit.

◎ 你没有什么大事，只是感冒，我们可以为您提供一些药品。
It is not serious, you just had a cold. We can offer you some medicine.

领取行李　我要领取行李。I want to get my checked luggage.

◎ 您能告诉我怎么去行李领取处吗？
Could you show me how to get to the baggage claim area?

◎ 请给我您的行李领取单。Give me your claim check, please.

◎ 你应该到2号行李传送带领取你的行李。
You should claim your luggage at carousel 2.

◎ 我领错了行李。I misclaimed the baggage.

海关检查　您有什么东西要申报吗？Do you have anything to declare?

◎ 你们是游客吗？Are you tourists?

◎ 您的行李中有违禁物品吗？
Have you any contraband in your luggage?

◎ 请把你的护照和海关申报卡给我。
Please show me your passport and declaration card.

索取申报单　您有海关申报单吗？
Do you have the Customs Declaration Form?

◎ 我需要填写海关行李申报单吗？
Do I have to fill out this Customs Baggage Declaration Form?

◎ 我可以现在重新填一份海关申报单吗？
Can I fill in a new customs declaration form now?

1 ☆ 填写入境卡

| A: 您能帮我们填写入境卡吗？ | B: 没问题。 |

A: Could you help us fill in the arrival form?
B: No problem.

2 ☆ 出示护照

| A: 请出示你的护照。 | B: 在这儿。 |

A: Please show me your passport.
B: It's here.

3 ☆ 例行检查

| A: 这个需要花费多长时间啊？ | B: 这只是一次例行的护照检查，很快。 |

A: How long will it take?
B: It is only a routine check of passports. Quite fast.

4 ☆ 海关官员问话

| A: 您有什么东西要申报吗？ | B: 没有，长官。 |

A: Do you have anything to declare?
B: No, sir.

5 ☆ 解释物品用途

| A: 这是什么？ | B: 这是我要带去北京的纪念品。 |

A: What is this?
B: This is a souvenir that I'm taking to Beijing.

6 ☆ 例行询问

| A: 您的行李中有违禁物品吗？ | B: 没有。我没带类似的东西。 |

A: Have you any contraband in your luggage?
B: No. I have nothing like that.

7 ☆ 烟酒物品

| A: 你有携带任何酒类或香烟吗？ | B: 是的，我带了两瓶威士忌酒。 |

A: Do you have any liquor or cigarettes?
B: Yes, I have two bottles of whisky.

8 ☆ 询问行李领取处

| A: 请问行李领取处在哪里？ | B: 给我看看你的行李领取单。 |

A: Could you show me how to get to the baggage claim area?
B: Can I see your baggage claim check?

机场相关柜台名称

seeing-off deck 送机台　　　　　Information Office/Desk 问讯处

baggage claim area 行李认领柜台　connection counter 联运柜台

customs inspection counter 海关检查柜台

Emigration Control 出境检查

海关申报单常见用词

signature 签名	female 女	disembarkation 登岸
sex/gender 性别	male 男	occupation 职业
passport number 护照号	date of issue 签发日期	
embarkation 登机；启程	nationality/country of citizenship 国籍	
country of origin 原住地	city where visa was issued 签证签发地	
first name/given name 名	date of birth/birth date 出生日期	
official use only 官方填写	city where you boarded 登机城市	
family name/surname 姓	accompanying number 偕行人数	

关于转机

transfer desk 转机柜台　　　　　transit flight 转机航班

transit passengers 转机乘客　　　passport number 护照号

date issued 签发日　　　　　　　flight number 航班号

captain 机长　　　　　　　　　　crew 机组人员

flight attendant 空乘人员　　　　stewardess 空姐

carousel 传送带　　　　　　　　　deliver 传递

baggage claim 取行李　　　　　　overweight 超重

final destination 目的地　　　　　local time 当地时间

lost-and-found office 失物招领处

出行篇

Chapter

3

Scene ① 问路

初到加拿大，很可能会遇到迷路或者找不到想要去的地方等情况，掌握一些简单的问路词汇和句子，可以更加轻松地玩转加拿大。

▶▶ 场景救命句

救命句1： 对不起，请问到……怎么走？

英文： Excuse me, how do I get to ... please?

谐音：伊克斯可幼思 密，好 度 爱 给特图……破里兹？

身在异国他乡，迷路是件很正常的事情，因此掌握一两句问路的句子十分必要。出于礼貌，我们在问路或请人帮忙时，要说一声Excuse me。

救命句2： 我迷路了。

英文： I am lost.

谐音：爱 目 劳斯特。

迷路　**对不起，我迷路了。Excuse me, but I'm lost.**

◎ 我迷路了。你能帮我吗？I have lost my way. Can you help me?
◎ 我们走离了大道，一会儿就迷路了。
　　We strayed off the main road and were soon lost.
◎ 我刚到这儿，我迷路了。I'm a stranger here and have lost my way.
◎ 咦？我怎么走迷路了？请问我现在在哪儿？
　　Oh, I seem to be lost. Excuse me, would you please tell me where I am?

问路　**有多远？How far is it?**

◎ 对不起，请问到……怎么走？
　　Excuse me, how do I get to... please?
◎ 对不起，请问我在地图上的什么地方？
　　Excuse me, where am I on this map?
◎ 你能告诉我离这儿最近的汽车站在哪儿吗？
　　Could you tell me where the nearest bus stop is?
◎ 我应该走哪边，这边还是那边？
　　Which way should I go, this one or that?
◎ 请问去博物馆怎么走？
　　Excuse me, can you tell me the way to the museum?
◎ 去书店朝哪个方向？Which direction is it to the bookstore?
◎ 请问这是到……的路吗？Excuse me, is this the road to...?

前进　**一直向前走直到……Straight on until you get to ...**
方向
◎ 向左/右拐。Turn left/right.
◎ 沿这条路一直走到红绿灯那儿。
　　Go along the street until you come to the traffic lights.
◎ 在第二个十字路口向右转。
　　Turn right at the second crossing. (Take the second turning
　　on the right.)
◎ 往这边走，过三个街区，然后往右拐。
　　Go along this way for three blocks, then turn right.
◎ 按照路标走。Follow the signs.
◎ 右边第一条大街。The first street on the right.

位置　**大约两公里。About two kilometres.**
及路
程
◎ 动物园就在拐角处。The zoo is just around the corner.
◎ 你可以坐3路公共汽车到那里。You can take a No. 3 bus to get there.
◎ 只有10分钟的步行路程。It's only about ten minutes' walk.
◎ 它正好在……的终点/起点。It's right at the end/ beginning of...

1 **寻求帮助**

A: 我迷路了。你能帮我吗? | B: 很高兴帮助你。

A: I have lost my way. Can you help me?
B: I am very happy to help you.

 2 **帮忙带路**

A: 对不起,我迷路了,您能告诉我去车站怎么走吗?
B: 我正往那边去。我给你带路吧!

A: Excuse me. I'm afraid I got lost. Can you show me the way to the station?
B: I'm walking that way. Let me lead you the way.

 3 **当前位置**

A: 对不起,请问我在地图上的什么地方?
B: 我们在这里,汽车站,我们现在在市中心。

A: Excuse me, Where am I on this map?
B: We are here, the bus stop, we are in the heart of the city.

 4 **询问路线**

A: 哦! 我想我迷路了。我怎么能到火车站呢?
B: 顺这条街一直走过两个街区,然后左转。

A: Oh! I think I'm lost. Excuse me, how do I get to the railway station, please?
B: Head straight up the street about two blocks, then turn left.

 5 **走错方向**

A: 请告诉我去博物馆怎么走? | B: 你是迷路了。它在城的那头。

A: Excuse me, can you tell me the way to the museum?
B: You are lost. It's across town.

 6 **公交换乘**

A: 那我怎么去博物馆呢?
B: 你可以在此乘坐24路公共汽车再换乘53路公共汽车去那里。

A: How can I get to the museum?
B: You can take a No. 24 bus here and then transfer to a No. 53 bus to get there.

 7 **询问地点**

A: 我好像迷路了。请问我现在在哪儿? | B: 中央公园大街。

A: Oh, I seem to be lost. Excuse me, would you please tell me where I am?
B: Central Park Street.

方向及方位

east 东	south 南	west 西	north 北
left 左	right 右	there 那儿	front 前
back 后方	side 侧旁	before 之前	after 之后

next to 紧邻　　　　　　　straight on 往前直走

turn left/right 左转/右转　directly opposite 和……相对

go up/down 向上(北)/向下(南)

be on sb.'s left/right 在某人的左边/右边

位置及线路

be far from 距离某处很远　　first left/right 第一个转左/右的路

be nearby 距离某处很近　　cross (over) 穿过(某条街道)

go back/back/back up 往回走　basement 地下室/第一层

a fork on the road 分叉路口　be in the corner of 在……的角落里

a T road 丁字路口

be the first/second/third from the left/right 从左/右数第一/二/三个

be located behind/in front of 坐落在……的后面/前面

be on the corner of A street and B street 在A和B街交汇的拐角处

go on/along...till you meet... 沿……一直走，直到……

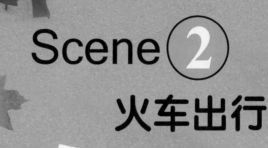

Scene ②
火车出行

火车是加拿大比较常用的出行工具，那么，在车站找站台、买票、乘车以及在火车上遇到的各种问题，都要如何解决呢？一起来看一看吧。

▶▶ 场景救命句

救命句1： 开往……的火车从哪个站台出发？

英文：Which platform does the ... train leave from?

谐音：为驰 破来特佛木 达斯 则……垂 李五 佛木？

对中国游客来说，可能更多的时候是坐飞机或长途汽车，不过，如果想更好地体验加拿大日常生活，火车是一个不错的选择。相对于航空，加拿大的火车系统也许在服务方面并不会为游客考虑得十全十美，因此，乘坐火车的时候掌握一些基本用语很重要。

救命句2： 对不起，这个座位是空的吗？

英文：Excuse me, is this seat free?

谐音：伊科斯可幼思密，意思 贼厮 希特 弗瑞？

火车 信息	**这列直达快车开到……要多久?** **How long will this express take to go to ...?**

◎ 这列快车从……直达……，中途不停车。
This express will go straight from ... to ... without a stop.

◎ 这条线的终点是哪儿? Where does this line end?

关于 买票	**在哪儿买火车票? Where can I buy a train ticket?**

◎ 这儿卖一区的车票吗? Do you have a zone one ticket?

◎ 到温哥华的火车票多少钱?
How much is the ticket to Vancouver?

◎ 车上还有空座吗? Are there any seats left on the train?

◎ 这张票的有效期是几天? How many days is this ticket valid for?

◎ 下趟去多伦多的车是几点? When's the next train for Toronto?

◎ 我可以预订座位吗? Can I make a reservation?

问询 及帮 助	**我们在第几车厢? Which car are we in?**

◎ 我能在哪儿托运我的自行车? Where can I register my bike?

◎ 我能打开/关上窗子吗? May I open/ shut the window?

◎ 从哪个站台上车? Which platform should I get on at?

◎ 我在哪儿能找到时刻表? Where can I get a timetable?

◎ 我得换车吗? Do I have to change trains?

◎ 最近的火车站在哪儿? Where's the nearest train station?

◎ 能给我一张火车地图吗? May I have a train map?

◎ 有快车吗? Is there an express?

◎ 这列火车有餐车吗? Is there a dining carriage on this train?

◎ 火车要开了吗? Is the train leaving?

◎ 我没有赶上车。 I missed my train.

◎ 多长时间一趟车? How often do the trains come?

1 出发站台

| A: 开往多伦多的车从哪个站台出发？ | B: 第五站台。 |

A: Which platform does the Toronto train leave from?
B: The fifth.

2 座位确认

| A:对不起，这个座位是空的吗？ | B:我想应该有人。 |

A: Excuse me, is this seat free?
B: No, I don't think so.

3 征求意见

| A:我能打开窗户吗？ | B: 不好意思，我有点冷。 |

A: May I open the window?
B: Sorry, I feel a little cold.

4 确认交通方式

| A: 你知道怎么去海滩最快吗？ |
| B: 通常坐出租车是最快的，但是今天的交通好像很糟糕。我想我们应该乘火车去，从火车站到海滩步行只需5分钟。 |

A: Do you know the fastest way to get to the beach?
B: I think normally the quickest way is to take a taxi. But the traffic seems bad today. I think we should take the train. The station is just five minutes' walk to the beach.

5 询问售票处

| A: 售票处在哪里？ | B: 我想应该从这边走。 |

A: Where can I buy a ticket?
B: I think it's this way.

6 询问票价

| A: 去温哥华的火车票票价是多少？ | B：35加元。 |

A: How much for a ticket to Vancouver?
B: 35 Canadian Dollars.

7 询问是否需要转车

| A: 我必须转车吗？ | B: 不用，这是直达车。 |

A: Do I have to change trains anywhere?
B: No, this is a direct route.

乘车词汇

arrive 到达　　　　stop 停留　　　　time of departure 出发时间

get out 下车　　　get on 上车　　　timetable 行车时刻表

engaged 已预订　　seat reservation 预订座位

购票词汇

reduction 优惠　　ticket 车票　　　　　　ticket inspection 车票检查

fare 车费　　　　half fare ticket 半价车票　return ticket 往返票

车站信息

station 火车站　　　　ticket office 售票处　　platform 站台

exit 出口　　　　　　Information 问讯处　　Washroom 盥洗室

Ladies 女士洗手间　　Gentlemen 男士洗手间　waiting room 候车厅

station management 车站管理处　　　station manager (火车站)站长

列车信息

window seat 靠窗的座位　　corridor 过道　　luggage 行李

coach number 车厢号码　　Toilets 卫生间　　restaurant car 餐车

couchette car 卧铺车厢　　non-smoking compartment 非吸烟车厢

open-plan carriage 敞开式车厢　　smoking compartment 吸烟车厢

Scene ③
租用汽车

如果你对自己的驾驶能力足够自信，前提是你有通行的驾驶执照，那么租车是个不错的选择。

>>> 场景救命句

救命句1： 我要租车。

英文：I want to rent a car.

谐音：爱 旺图 然特饿卡。

如果你想更加自由地在加拿大旅行，租车是个不错的选择，但是前提是你对加拿大的行车规则及交通法规足够熟悉，还包括路上的各种指示牌等。

救命句2： 费用是多少？

英文：How much is the fee?

谐音：好 嘛池 意思则 非？

需要租车

在哪里我可以租到车? Where can I rent a car?

◎ 我明天要租一辆车。I want to rent a car tomorrow.

◎ 我有预订。I have a reservation.

◎ 租金是多少? What's the rental fee?

◎ 你们有什么车? What kind of cars do you have?

◎ 什么时候还车? When do I have to return the car?

◎ 我有一张自己的驾照和一张国际驾照。
I have my own license and an international license.

选择车型

您想要什么型号的? What model do you want?

◎ 你们这里有哪些选择? What do you have available?

◎ 我要租一辆省油车。I want to rent an economy car.

◎ 我想要辆自动挡/轻便/跑车。
I'd like an automatic/a compact/a sports car.

◎ 我比较喜欢旅行车,如果可能的话,要一辆自动挡的。
I like/prefer a station wagon, if possible, with automatic transmission.

租车要求

我该怎么付款? How do I pay?

◎ 明天早上请把车送到波士顿酒店。
Please send the car to Boston Hotel tomorrow morning.

◎ 我想租3天这种车。I'd like to rent this type of car for 3 days.

◎ 我想预订一辆,下星期五用。I'd like to reserve one for next Friday.

费用及保险

每天/周怎么收费? What is the rate per day/week?

◎ 我可以看下费用单吗? May I see the rate list?

◎ 3天的费用是多少? How much does it cost for 3 days?

◎ 包括汽油费吗? Does it include gas?

◎ 保险包含在这费用中吗? Does the price include insurance?

◎ 我想要全额保险。I'd like full insurance.

◎ 我需要支付押金吗? Do I have to pay a deposit?

◎ 我可以用信用卡付账吗? Can I pay by credit card?

还车

我能把车放在多伦多吗? Can I drop it off in Toronto?

◎ 我能把车放在我的目的地吗? Can I drop it off at my destination?

◎ 你们取车收费多少?
How much do you charge for dropping off the car?

◎ 你可以派人来把车子开回去吗?
Can you have someone come to pick up the car?

◎ 我听说你们可以在不同的城市还车。
I heard you can return rental cars in different cities.

1 租车预订

| A: 好好运汽车租赁有限公司，有什么可以帮您的？ | B: 我想预订一部车。 |

A: Good Luck Rental Car. May I help you?

B: I want to reserve a rental car.

2 取车地点

| A: 您要在哪里取车呢？ | B: 蒙特利尔。 |

A: Which city will you pick up from?

B: Montreal.

3 还车地点

| A: 是否也在那里还车呢？ | B: 不，我想在温哥华国际机场还。 |

A: Returning to the same location?

B: No. I'd like to drop it off at Vancouver International Airport.

4 车型选择

| A: 要预订什么样的车型呢？小型，中型还是大型的呢？ | B: 小型的。 |

A: What size would you like? A compact, mid-size, or full-size?

B: I'd like a compact car.

5 租车时长

| A: 您需要租多少天呢？ | B: 3天。 |

A: How many days would you like to rent it for?

B: Three days.

6 车辆故障

| A: 哪里出了问题？ | B: 发动机出了故障。 |

A: What seems to be the problem?

B: There's something wrong with the engine.

7 试驾

| A: 我可以开到路上试一试吗？ | B: 当然可以。你有驾照吧？ |

A: Can I test it out on the road?

B: Sure. You've got a driver's license, right?

租车词汇

driving license 驾照　　driving record 驾驶记录　　delivery 送车上门

drop off the car 还车　　hourly rate/fee/rent 时租　　mileage 英里数

IDL(International Driving License) 国际驾照　　rental charge 租金

rental period 租期　　make a reservation 预订

pick up the car 取车　　Rental Agreement 租赁协议

车辆信息

license plate 牌照　　　　manual transmission 手动换挡

empty tank (汽油)空箱　　full tank (汽油)满箱

gas pedal 油门　　　　　automatic transmission 自动换挡

保险费用

extra insurance 额外保险　Liability Insurance 第三方责任险

No Show Rentals 违约金　PEC(Personal Effects Coverage) 个人财务险

PAI(Personal Accident Insurance) 乘客事故险

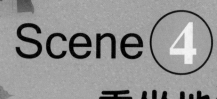

Scene ④

乘坐地铁

乘坐地铁对多数人来说是比较熟悉的，尽管加拿大的地铁系统十分成熟，但是在寻找地铁站以及线路的过程中，我们还是会需要一些语言方面的交流。

▷▷ 场景救命句

救命句1： 请问这附近有地铁吗？

英文： Is there any subway nearby?

谐音： 意思 在儿 艾内 撒布为 尼儿白?

 与美国一样，加拿大英语中地铁叫做"subway"，而不是英国英语中的"underground"。

救命句2： 我该怎样转车呢？

英文：How do I change?

谐音： 好 度 爱 产值?

寻找 地铁	**我找不到地铁入口。I can't find the subway entrance.**
	◎ 距地铁站有两个街区。 It's two blocks away from the subway station.
	◎ 先生，这是去往中央公园的地铁吗？ Sir, is this the right subway to central park?

地铁 换乘	**我该怎样转车呢？How do I change?**
	◎ 我们就在那换乘一号线。We transfer the line one there.
	◎ 换乘站在哪？Where is the transfer station?
	◎ 这是环线地铁的换乘站吗？ Is this the transfer station for the loop line?

地铁 站内 问路	**我们坐的那趟车停在哪个站台？At which platform is our train?**
	◎ 我们能直达还是必须转车？ Can we go directly or do we have to change?
	◎ 你能告诉我去站台怎么走吗？ Could you tell me how to go to the platform?
	◎ 这班地铁多长时间来一次？ How frequent is this subway service?
	◎ 去美术馆乘哪条地铁？ Which line do I take for the Art Gallery?
	◎ 我下车后怎么出站台呢？ How can I get out of the platform after I get off the subway?

购票 事宜	**售票处在哪儿？Where can I buy a ticket?** **= Where is the ticket counter?**
	◎ 到市政厅多少钱？ How much does it cost to get to the city hall? = How much is the fare to the city hall?
	◎ 哪条线去市区？Which line do I take to get to downtown?
	◎ 列车多长时间来一趟？How often do the trains run?

1 ☆ **询问地铁站**

A: 您知道最近的地铁站在哪吗？ | B: 就在街对面电影院的前面。

A: Do you know where the nearest subway station is?
B: It's over there across the street in front of the cinema.

2 ☆ **如何出站**

A: 下车后怎么出站台呢？ | B: 那很容易，出口处总是开着。

A: How can I get out of the platform after I get off the train?
B: That's very easy. The exit is always open.

3 ☆ **买票**

A: 你好，我要买张票。 | B: 不好意思，最后一班车已经离开了。

A: Excuse me, I want to buy a ticket.
B: I'm sorry. The last train has already left.

4 ☆ **坐错方向**

A: 这是环线地铁的换乘站吗？ | B: 你坐反了。

A: Is this the transfer station for the loop line?
B: You are in the opposite direction.

5 ☆ **询问线路**

A: 哪条线去市区？ | B: 2号线。

A: Which line do I take to get to downtown?
B: Line 2.

6 ☆ **索要地铁线路图**

A: 您需要什么？ | B: 请给我一张地铁图。

A: What can I do for you?
B: I'd like a subway map.

7 ☆ **询问末班车时间**

A: 到温哥华岛大学的末班车是几点？ | B: 我不确定，大概是夜里12点吧。

A: What time is the last train to Vancouver Island University?
B: I'm not sure. Probably around midnight.

地 铁 站

tokenman 地铁售票员　turnstile 旋转栅门　buffet 小卖部
station hall 车站大厅　ticket office 售票处　platform 站台
token 用作交通运输费等的替代货币　subway station 地铁车站
ticket-collector/gateman 收票员

地 铁 车 辆

subway 地铁　　　　　　stop 停车站
track 轨道　　　　　　　coach/carriage 车厢

地铁相关词

advertising panel 广告牌　　　subway/line map 地铁路线图
directional sign 方向指示牌　　footbridge 人行桥
safety line 安全线　　　　　　platform edge 月台边缘
station entrance 车站入口　　　escalator 电动扶梯
exterior sign 站外标志　　　　stairs 楼梯
exit turnstile 出口旋转栅门　　entrance turnstile 入口旋转栅门
tunnel 地下通道　　　　　　　subway train 地铁列车
station name 站名

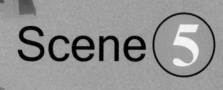

Scene ⑤
乘坐公交车

加拿大的公交系统十分发达，公交车极有可能是我们在那儿的主要出行方式。乘坐公交车看似简单，但也会遇到很多麻烦，比如路线、车次的选择、公交车上的问询及与人攀谈等，让下面这些句子来帮助你吧。

▶▶ 场景救命句

救命句1： 你能告诉我在哪下车吗？

英文：Could you tell me where to get off?

谐音：酷的 油 太哦 密 外而 吐 给特 哦幅？

加拿大的公交车很人性化，一些公交站点附近有免费和付费的报纸。同时还有专为残疾人提供的公交站台，公交车也有供轮椅上下的踏板。如果要下车，只需拉一下黄色绳子或者是按一下stop按钮，司机就会知道。

救命句2： 卖票的地方在哪里？

英文：Where is the ticket office?

谐音：威尔 意思 则 提凯特 哦飞斯？

公交
线路
及车
次

哪辆车去……? Which bus goes to ...?

◎ A线路的巴士站在哪里?
Where is the bus depot for the A buses?

◎ 到……的巴士是几点?
What time does the bus for ... leave?

◎ 到……多长时间? How long does it take to get to ...?

◎ 去这个地方，我坐这辆公交车对吗?
Am I on the right bus for this location?

◎ 这是去南希书店的车吗?
Does this bus go to Nancy's Book Store?

◎ 可以给我一张巴士线路图吗? May I have a bus route map?

◎ 你有公车的时间表吗? Do you have a bus schedule?

乘坐
公交

到……谢谢。To ... please.

◎ 票价是多少? How much is the fare?

◎ 我在这里下车。I'll get off here.

◎ 我要坐下辆车。I'll take the next bus.

◎ 这有人坐么? Is anyone sitting here?

◎ 请把窗户打开好吗? Could you open the window?

◎ 我们到哪啦? Where are we?

车上
问询

我应该在哪转车? Where should I transfer?

◎ 我到那儿要经过多少站? How many stops before I get there?

◎ 需要多长时间? How long will it take?

◎ 能告诉我什么时候下车吗?
Could you tell me when to get off?

◎ 我需要转车吗? Do I have to change buses?

乘坐
巴士

巴士什么时候离开? What time does this bus leave?

◎ 巴士在这儿停多久? How long does the bus stop here?

◎ 我想搭乘观光巴士。I would like to take a sightseeing coach.

◎ 我的行李应该放在哪儿? Where should I put my baggage?

◎ 我可以在这儿购买观光巴士票吗?
Can I get a ticket for the tour bus here?

◎ 长途汽车售票窗口在那边。
The long-distance bus ticket windows are over there.

☆ 票价

| A: 票价是多少? | B: 每人两加元。 |

A: How much is the fare?
B: 2 Canadian Dollars for each.

 ☆ 是否换乘

| A: 我需要转车吗? | B: 不需要。这辆车的终点站到那。 |

A: Do I have to change?
B: No. It is the terminal of this bus.

 ☆ 公交时刻表

| A: 你有公交车的时间表吗? |
| B: 我没有。你可以去交通部门,在巴士路线图上能获得巴士的时间表。 |

A: Do you have a bus schedule?
B: No, I don't. You can go to transport department to get a bus schedule in a bus map.

 ☆ 出发时间

| A: 到火车站的公交车几点出发? | B: 10分钟后。 |

A: What time does the bus for train station leave?
B: Ten minutes.

 ☆ 确认车次

| A: 你好,请问这车到南希书店吗? | B: 不到。你应该乘52路。 |

A: Excuse me. Does this bus go to Nancy's Book Store?
B: No, it doesn't. You need to take Bus 52.

 ☆ 询问车程

| A: 请问我要坐几站能到那? | B: 12站。 |

A: How many stops before I get there?
B: Twelve stops.

 ☆ 询问时长

| A: 大约要多长时间? | B: 如果不堵车的话,40分钟。 |

A: How long will it take?
B: If there is no traffic jam, it takes forty minutes.

公交设施

origin station 起点站，首站

terminal 终点站，末站

bus shelter 候车亭

waiting room 候车室

platform 站台

ticket window 售票窗口

long-distance bus stop 长途公共汽车站

公交运营

passenger transport 客运

driver 司机

attendant 乘务员

single-trip time 单程时间

dwell time 停站时间

first vehicle hour 首班车时间

final vehicle hour 末班车时间

公交线路

urban line 市区线路

suburban line 郊区线路

intercity line 长途线路

ground line 地面线路

underground line 地下线路

peak-hour line 高峰线路

day and night line 昼夜线路

night line 夜间线路

express line 快车线路

fixed line 固定线路

temporary line 临时线路

loop line 环形线路

Scene ⑥
乘坐出租车

预约出租车或在街头叫车的时候，我们要如何表达呢？路线和一些紧急情况应该怎么说呢？下面的句子会帮到你。

⟩⟩ 场景救命句

救命句1： **出租车！**

英文：Taxi!

谐音：泰克西！

在加拿大，出租车不会在街上兜客，乘客一般都需要打电话叫车。出租车公司名单列于黄页电话簿Taxi cabs栏内，你可以按黄页打电话给出租汽车公司叫车。除了车内计价器上显示的车费外，一般还要给司机一些小费(10%～15%左右)。

救命句2： **我要叫辆出租车。**

英文：I want a taxi.

谐音：爱 妄特 饿 泰克西。

街头 叫车	**出租车！Taxi!**
	◎ 出租车站台在哪？Where is the taxi stand?

电话 叫车	**我想预订一辆出租车。I'd like to order a taxi.**
	◎ 我可以在希尔顿酒店叫辆出租车吗？ May I have a taxi at Hilton Hotel?
	◎ 您能安排一辆出租车到火车站吗？ Could you send a taxi to the train station?
	◎ 我想马上叫辆出租车。 I'd like a taxi immediately/as soon as possible, please.

宾馆 叫车 服务	**打扰一下，您能帮我叫辆出租车吗？** **Excuse me, could you hail a taxi for me please?**
	◎ 今晚能帮我安排一辆出租车吗？ Could you organize a taxi for me for this evening, please?
	◎ 坐出租车到机场/火车站/市中心大概需要多少钱呢？ How much is the typical taxi fare to the airport/train station/ city centre?

向司 机提 要求	**请去这里。To this place, please.**
	◎ 你能带我去……再接我回来吗？ Could you take me to ... and bring me back?
	◎ 你能帮我搬行李吗？Could you help me carry my baggage?
	◎ 你能带我去市中心大概转一下吗？ Could you give me a brief tour of the city, please?
	◎ 可以等我吗？Would you wait for me?
	◎ 停这里。Shop here, please.

付车 费	**请问多少钱？How much is the fare please?**
	◎ 我该付您多少钱？How much do I owe you?
	◎ 谢谢，不用找了。Thank you. Keep the change.
	◎ 收费和仪表盘上的不一样。 The fare is different from the meter.

1 出租车候车点

| A: 出租车站台在哪? | B: 不远,就在那儿。 |

A: Where is the taxi stand?
B: Not far away. It's over there.

2 电话叫车

| A: 我可以在希尔顿酒店叫辆出租车吗? | B: 没问题,你什么时候出发? |

A: May I have a taxi at Hilton Hotel?
B: Sure. What time do you leave?

3 帮忙搬行李

| A: 能帮我搬下行李吗? 太重了。 | B: 当然,乐意帮助。 |

A: Could you help me carry my baggage? It is too heavy.
B: Sure, it is my pleasure.

4 询问车费

| A: 我该付多少钱? | B: 4加元。 |

A: How much do I owe you?
B: Four Canadian Dollars.

5 支付小费

| A: 给你5加元,零头不用找了。 | B: 谢谢。 |

A: Here's five Canadian Dollars, you can keep the change.
B: Thank you.

6 告知目的地

| A: 去哪里? | B: 我想去这个地方。 |

A: Where to?
B: I'd like to go to this address.

7 要求下车

| A: 请在这停下车好吗? | B: 好的。告诉我你想在哪儿下就行。 |

A: Could you stop off here please?
B: Sure. Just let me know where you want to get off.

基本词汇

taxi driver 出租车司机

taxi rank/taxi stand 出租汽车站

price per kilometre/mile 每公里/英里价格

house number 门牌号

目 的 地

airport 机场

subway station 地铁站

residential area 居民区

suburb 郊区

skyscraper 摩天大楼

department stores 百货商店

market 市场

newsstand 杂志摊

cathedral 大教堂

monument 纪念碑

museum 博物馆

stadium 体育馆

botanical garden 植物园

football ground 足球场

shopping mall 购物中心

urban 城市的

outskirts 市郊

flat 公寓

bazaar 集市

junk shop 旧货店

town hall 市政厅

chapel 小礼堂

theatre 剧院

fairground 露天广场

art gallery 美术馆

住宿篇

Chapter

4

Scene ①
预订房间

加拿大有各种各样的饭店和旅馆，从豪华的五星级饭店到简朴的家庭旅馆，其价格和提供的服务也相应有所不同。想自助旅行的人可以租用公寓或假日旅店；各主要景区都有建设良好的野营地，还有庞大的青年旅馆网……那么，选择好住宿地点后，首先就要预订房间。

▶▶ 场景救命句

救命句1： 我要预订房间。

英文：I want to book a room.

谐音：爱 忘图 布课 饿 入目。

小贴士　加拿大酒店一般不注明星级，也不备拖鞋、牙膏、牙刷，房间内不供应饮用热水。大部分房间备有咖啡壶。酒店的入住时间均为下午3时，离店时间为中午12时。请自带拖鞋、牙膏牙刷、纸杯和必备药品。

救命句2： 还有空房间吗？

英文：Do you have any rooms available?

谐音：度 油 骇无 艾内 入目斯 饿危乐拨？

基本 对话	**有空房吗？ Are there any vacancies?**
	◎ 有什么样的房间？ What's the room available?
	◎ 随时都有热水供应吗？ Is hot water available anytime?
	◎ 是否还有更大的/更好的/更便宜的房间？ Do you have anything bigger/better/cheaper?
	◎ 我要订这间。 I'll take this room.
	◎ 您打算住多久？ How long will you be staying?

预订 房间	**我想订一个下周二的单人房间。** **I'd like to book a single room for Tuesday next week.**
	◎ 我想订10间有两个单人床的双人间，住5天。 I'd like to reserve 10 double rooms with twin beds for five days.
	◎ 请问星期六晚上还有空余的双人间吗？ Have you got a double room for Saturday night, please?
	◎ 今晚还有空房吗？ Do you have a room available for tonight?

特殊 要求	**我想要一间允许抽烟的房间。 I'd like a smoking room.**
	◎ 我会晚一点到达，请保留我预订的房间。 I'll arrive late, but please keep my reservation.
	◎ 我想要一个朝阳的房间。 I want to take the one with a front view.
	◎ 我想要楼上的房间。 I'd like a room on the upper level.
	◎ 我想要个不临街的安静房间。 I'd like a quiet room away from the street.
	◎ 房间里还有空地方放张床吗？ Is there any space for another bed in the room?
	◎ 我想订一个带洗澡间的单人房间。 I'd like to book a single room with bath.

关于 价格	**请问房费多少？ What is the rate, please?**
	◎ 这个价格包括哪些服务项目呢？ What services come with that?
	◎ 可以打折吗？ Will you give me some discount?
	◎ 预订房间需要支付订金。 You must pay a deposit if you want to reserve the room.
	◎ 团队预订有优惠吗？ Is there a special rate for a group reservation?

酒店 客满	**宾馆房间都被预订满了吗？ Is the hotel almost booked up?**
	◎ 我们没有多余的双床间了，但是我们还有一个双人间。 I'm afraid we have no twin room available but we can offer you a double room.

询问空房

| A: 早上好！有空房吗？ | B: 你很幸运。我们还有一间空房。 |

A: Good morning. Are there any vacancies?
B: You're in luck. We have a room available.

  是否客满

| A: 宾馆房间都被预订满了吗？ | B: 是的。城里要举办一个重要会议。 |

A: Is the hotel almost booked up?
B: Yes. There is an important convention in town.

 房间情况

| A: 有什么样的房间？ | B: 我们有标准双人间，配备双人大床。 |

A: What's the room available?
B: We have a standard double room, with twin beds.

  可吸烟房间

| A: 是无烟房间吗？ | B: 不是，是可以抽烟的房间。可以吗？ |

A: Is that a non-smoking room?
B: No, it's a smoking room. Will that be alright?

 无烟房间

| A: 恐怕我需要一个无烟房间。 | B: 我明白。祝你愉快！ |

A: I'm afraid I need a non-smoking room.
B: I understand. Have a nice day.

  确认房费

| A: 请问房费多少？ | B: 现行房费是50加元一晚。 |

A: What is the rate, please?
B: The current rate is 50 Canadian Dollars per night.

  挑选房间

| A: 两种房间的价格有什么不同？ |
| B: 一间阳面的双人房每晚140加元，阴面的每晚115加元。 |

A: What's the price difference?
B: A double room with a front view is 140 Canadian Dollars per night, one with a rear view is 115 Canadian Dollars per night.

   入住时长

| A: 您打算住多久？ | B: 我们星期天上午离开。 |

A: How long will you be staying?
B: We'll be leaving Sunday morning.

关于预订

arrival date 到达日期   wait list 待定   book/reserve 预订

cancellation 取消预订   drop off 出发时间   rack rate 门市价

surcharge 服务费   departure date 离店日期

airport transport fee 机场接机费

关于房间

deluxe room 高级房   twin bed room 双床房   room type 房型

grand suite 休闲套房   executive room 行政房   lagoon room 泳池房

king bed room 大床房   premier room 高级豪华房

询问价格

rate 价格   C$75 per night 每晚75加元   cost/run 花费

charge 费用   all-inclusive rate 所有费用   take off 减价

separate cost 单独付钱的费用   room rate 住宿费

free 免费的   discount 优惠   Golden Card 金卡

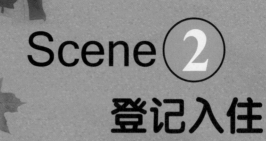

Scene ②
登记入住

解决了房间预订的问题，那么接下来到达酒店后就是办理登记入住手续。手续虽然简单，但实际上我们可能会面临很多语言交流，比如之前的预订情况、入住信息的表达、相关服务等，一起来看看怎么解决吧。

>> 场景救命句

救命句1： 我要登记入住。

英文：I want to check in.

谐音：爱　王图　柴可银。

这句话是入住时最好用的开场白，讲明目的，宾馆的服务人员便可以帮您进一步完成相关手续。

救命句2： 我在希尔顿饭店已预订房间。

英文：I made a reservation in Hilton Hotel.

谐音：爱　没的饿　瑞色喂身　银　希尔顿　后台欧。

登记入住	**这是你的房间钥匙。Here is your room key.**

◎ 请填好表格并预付一百加元。
Would you mind filling in this form and paying 100 Canidian Dallars in advance?

◎ 房间在14层，每天的房费是90加元。
It is on the 14th floor and the daily rate is C$90.

◎ 请让我核对一下。Please let me check for you.

细节询问	**餐厅在哪儿? Where is the dining room?**

◎ 是否可代为保管贵重物品? Could you keep my valuables?

◎ 早餐几点开始供应? What time can I have breakfast?

◎ 是否可以给我一张有旅馆地址的名片?
Can I have a card with the hotel's address?

◎ 我的房间有私人浴室么? Does my room come with a private bath?

酒店接送	**您指的是当地时间吗? Do you mean local time?**

◎ 请告诉我您搭乘的航空公司和班机号好吗?
May I have your airline and flight number, please?

◎ 我们提供免费的机场接送服务。
We offer free transportation to and from the airport.

◎ 我们在机场设有柜台，到时将有代表陪同您上车。
We have a counter at the airport. Our representative will escort you to the car.

◎ 您知道您抵达机场的时间吗?
Do you know your arrival time at the airport, sir?

付款事项	**请到付款台付款。Please pay at the cashier desk.**

◎ 这里可以用信用卡吗? Do you accept credit cards?

◎ 这个价钱包括早餐吗? Does the price include breakfast?

◎ 我们酒店为您提供特价，先生。单人房可以打8.5折。
We offer special range for you, sir. For a single room there is 15% discount.

变更预订	**我要取消一项预订。I'd like to cancel a reservation.**

◎ 我想将预订延长一晚。
I'd like to extend my reservation for one more night.

◎ 我要更改一项预订。I'd like to change a reservation.

1 ☆ 已有预订

| A: 先生，你有预订吗？ | B: 是的，我在北京已预订房间。 |

A: Have you had a reservation, sir?
B: Yes, I made a reservation in Beijing.

2 ☆ 入住手续

| A: 你是否已经办好入住登记手续了？ | B: 是的。 |

A: Have you got through the check-in procedure?
B: Yes, I have.

3 ☆ 填写表格

| A: 请填写这张表格。 | B: 好的，你有笔吗？ |

A: Please fill in this form.
B: OK. Do you have a pen?

4 ☆ 信息核对

| A: 请让我核对一下。姓名，住址，国籍，护照号码，签名。都对了，先生。这是你的钥匙卡，请保管好。 |
| B: 好的，谢谢。 |

A: Let me check for you...name, address, nationality, passport number, and signature, that's right. Sir, this is your key card, please keep it.
B: OK. Thank you.

5 ☆ 付款方式

| A: 请先去那边的出纳柜台付款。 | B: 是否能用信用卡付款？ |

A: Now, please pay at the cashier desk over there firstly.
B: Could I pay by credit card?

6 ☆ 房间确认

| A: 你的房间号是1220，这是你的房间钥匙。 | B: 谢谢你。 |

A: Your room number is 1220, and here is your room key.
B: Thank you.

7 ☆ 设施咨询

| A: 顺便问一下，我的房间有私人浴室吗？ |
| B: 当然。这个酒店的每个房间都有一个私人浴室。 |

A: By the way, does my room come with a private bath?
B: Certainly. Every room in this hotel has a private bath.

旅馆登记

passport 护照	fill in 填写	make payment 支付
credit card 信用卡	in cash 现金支付	check-in 登记
check-out 结账	key 钥匙	registration form 登记表
American Express Card 运通卡		baggage check 行李托管证

酒店词汇

lobby 旅馆大厅	porter 门房	bellboy 侍者
reception 接待处	floor/storey 楼层	garage 车库
lift 电梯	chambermaid 清理房间的女服务员	
swimming pool 游泳池		

酒店服务

buffet breakfast 自助早餐	clean 清扫

房间词汇

ashtray 烟灰缸	bath 浴缸	balcony 阳台	blanket 毛毯
shower 淋浴	window 窗户	bathroom 浴室	bed 床
safe 保险箱	mirror 镜子	socket 插座	plug 插头
toilet paper 卫生纸	bed linen 床上用品		television 电视机

Scene ③

客房服务

入住酒店时，有时会需要客房服务，如换床单、打扫房间等等，这时该怎么用英语表达呢？

▶▶ 场景救命句

救命句： 我需要客房服务。

英文： I need room service.

谐音： 爱 你的 入目 色维斯。

小贴士 加拿大的酒店一般都有比较齐全的客房服务，需要注意的是，有些服务是要另外收费的，因此在提出客房服务需求之后，最好问一下是否需要收费。

救命句2： 你们提供……吗?

英文： Do you provide...?

谐音： 度 油 普肉外的……?

客房
服务
咨询

还有客房服务吗？ Is room service still available?

◎ 能不能帮我把行李拿到大厅入口处？
Will you please take my luggage to the entrance of the lobby?

◎ 你好，总机吗？客房服务最晚到几点？
Hello, operator? How late is room service open?

◎ 我想要一个客房服务。I would like to have a room service.

◎ 我明早需要一个叫醒服务。
I would like to have the morning call service for tomorrow.

特殊
要求

请给我一块香皂。Please give me a piece of soap.

◎ 客房服务吗？我想要一筒冰块和一些矿泉水。
Room Service? I want a bracket of ice and some mineral water, please.

◎ 请给我们送瓶开水。
Please bring us a bottle of just boiled water.

◎ 请派人来取我的衣服。
Please send someone to pick up my laundry.

◎ 这个枕套太脏了，换一个好吗？
This pillowcase is too dirty. Could you change another one for me?

◎ 我是来换床单和枕套的。
I'm here to change the sheets and pillowcases.

◎ 请给我一些信封和信纸好吗？
Would you please give me some envelopes and writing paper?

客房
服务
中

我是客房的服务员，可以进来吗？ Housekeeping. May I come in?

◎ 您要我什么时间来给您打扫房间呢，先生？
When would you like me to do your room, sir?

◎ 现在可以为您收拾房间了吗？ May I make up the room now?

◎ 请收拾一下浴室好吗？
Would you tidy up a bit in the bathroom?

◎ 天黑了，要不要我为您拉上窗帘？
It's growing dark. Would you like me to draw the curtains for you?

◎ 您还有什么事要我做吗？ Is there anything I can do for you?

◎ 等一会儿，夫人。我马上送来。
One moment, madam. I'll bring it to you right away.

1 食物加热

A: 客房服务，有什么可以帮忙的吗？
B: 是的，刚才送过来的食物是凉的，可以帮忙加热吗？

A: Room service. What can I do for you?
B: Yes, the food you have just sent here is cool. Would you please heat them up?

2 行李搬运

A: 我有两件行李。能不能帮我把行李拿到大厅入口处？ | B: 当然了，先生。

A: Well, I have two pieces of luggage. Will you please take my luggage to the entrance of the lobby?
B: Certainly, sir.

3 客房清理

A: 早上好，先生。对不起打搅您了。我可以收拾房间了吗？
B: 可以。我们正要出去，所以才挂上"打扫房间"的牌子。你能给我们拿些毛巾和衣架吗？

A: Good morning, sir. Sorry to disturb you. May I make up the room now?
B: Yes, please. We're on our way out, so we put the make-up sign on. Could you bring us some towels and hangers?

4 商定服务时间

A: 您要我什么时间来给您打扫房间呢，女士？
B: 如果您愿意，现在就可以打扫，我正想下去吃早饭呢。

A: When would you like me to do your room, madam?
B: You can do it now if you like. I was just about to go down for my breakfast when you came.

5 衣物送洗

A: 您需要什么？ | B: 请问你们能派人来取要洗的衣服吗？908房间，佩吉。

A: What can I do for you?
B: Could you send someone up for my laundry, please? Room 908, Peggy.

6 叫醒服务

A: 我明天早晨想要叫醒服务。 | B: 先生，你想几点被叫醒？

A: I would like to have the morning call service for tomorrow.
B: What time do you want me to call you up, sir?

客房服务相关词汇

dusting 打扫　　mopping 拖地　　scrub 擦洗

shampoo 洗发水　　bath foam 浴液　　comb 梳子

body lotion 润肤露　　toothbrush 牙刷　　shoehorn 鞋拔

sewing kit 针线盒　　shoeshine 擦皮鞋

酒店配套设施

karaoke hall 卡拉OK厅　　massage parlor 按摩室

bowling alley 保龄球场　　close-circuit television 闭路电视

standard room 标准间　　Lazy Susan 餐桌转盘

gymnasium 健身房　　room service button 叫人按钮

discotheque 迪斯科舞厅

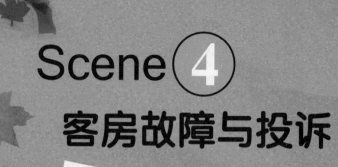

Scene ④
客房故障与投诉

在加拿大，客房出现故障并不常见，但也是不可避免的。遇到故障不用担心，这个单元帮您解决。

>> **场景救命句**

救命句1： **我要投诉！**

英文：I have a complaint!

谐音：爱 骇无 饿 坑木浦兰特！

加拿大一些酒店会收取使用酒店电话等服务的附加费，使用时应事先询问清楚，在付账时应查看付费项目，要求对一些附加费进行解释，可减少部分额外费用。

救命句2： **这个坏了。**

英文：It's not working.

谐音：一此 挠特 我坑。

我要投诉

请让我看看投诉本。Show me the complaint book, please.

◎ 我要投诉你们这里的服务态度。
I have a complaint about the service attitude here.

◎ 我要去找你的上级投诉。
I'm going to complain to your superiors.

◎ 我要投诉你的职员，我从未遇到那么糟糕和无礼的服务。
I want to complain about your staff. I have never had such a bad and rude service.

具体问题

这房间里的灯光太暗了。The light in this room is too dim.

◎ 房间没有打扫。The room hasn't been cleaned.

◎ 能给我换个房间吗？这儿太吵了。
Can you change the room for me? It's too noisy.

◎ 这房间太冷了，我睡觉时觉得很冷。
The room is too cold for me. I feel rather cold when I sleep.

◎ 我要投诉。我房间里的钱丢了。
I'm afraid I have to make a complaint. Some money has gone missing from my hotel room.

◎ 我的衬衫不见了。I can't find my shirt.

◎ 我的房间有个小问题——床铺没整理。
I'm afraid there's a slight problem with my room—the bed hasn't been made.

故障报修

这是修理部吗？Is this the repair department?

◎ 请你们尽快过来修理好吗？
Could you repair it as soon as possible?

◎ ……坏了。...doesn't work.

◎ 水龙头漏水。The tap drips.

◎ 没有热水。There's no warm water.

◎ 我房间里的抽水马桶好像出了点毛病。
There seems to be something wrong with the toilet.

◎ 马桶/水池堵了。The toilet/washbasin is blocked up.

◎ 我无法打电话，我们的电话坏了。
I can't make a call, as our phone is out of order.

◎ 洗手间的灯泡坏了。The bulb in the washroom has blown.

投诉后

我们会赔偿您。We will pay for you.

◎ 这是我们的错。我们对此非常抱歉。
It's our fault. We are sorry for that.

◎ 我为刚才的事情向您道歉，并向您保证这样的事情再不会发生了。
I have to apologize for that and I assure you it won't happen again.

◎ 现在它好了。谢谢。It's working now. Thank you.

☆ **电视机故障**

| A: 噢，电视机好像有些毛病。图像不稳定。 | B: 很抱歉，我可以看看吗？ |

A: Ah, I'm afraid there's something wrong with the TV. The picture is wobbly.
B: I'm sorry. May I have a look at it?

☆ **物品丢失**

| A: 下午好，先生。我能为您做些什么吗？ |
| B: 是的，我找不到我的衬衫。我昨天送去洗了，可是洗完后我却找不到了。 |

A: Good afternoon, sir. Is there anything I can do for you?
B: Yes, I can't find my shirt. I have my laundry sent to you yesterday but when the washing is done, I find my shirt missing.

☆ **酒店赔偿**

| A: 那都是我们的错，我们对此感到抱歉。您能先填下这张表吗？我们会赔偿您的损失。 |
| B: 好的。也许你们应该更细心点儿。 |

A: It's our fault. We are sorry for that. Would you please fill out the form? We will pay for you.
B: That's fine. Maybe you should be more careful.

 ☆ **客服投诉**

| A: 我要投诉你的职员，我从未遇到那么糟糕和无礼的服务。 |
| B: 很抱歉。能告诉我您的姓名和房间号吗？我们会立刻处理这件事情的。 |

A: I want to complain about your staff. I have never had such a bad and rude service.
B: Well, we are sorry to hear that. May I have your name and room number? We will deal with the matter right now.

☆ **投诉表达**

| A: 如果你们还这么对我的话，我不会再来了。 |
| B: 我为刚才的事情向您道歉。我向您保证这样的事情再不会发生了。 |

A: I don't think I will come back again if you keep treating me like this.
B: I have to apologize for that and I assure you it won't happen again.

☆ **报修**

| A: 客房服务，有什么可以帮您的吗？ |
| B: 是的。我房间里的抽水马桶出了点问题。 |

A: Housekeeping. Can I help you?
B: Yes, there seems to be something wrong with the toilet.

☆ **维修后致谢**

| A: 现在好了。谢谢。 | B: 不客气。还有什么问题吗？ |

A: Yes, it's working now. Thank you.
B: You're welcome. Anything else?

酒店部门

Housekeeping Department 客房部

Food & Beverage Department 餐饮部

Health & Recreation Department 康乐部

Sales and Marketing Department 营销部

Administration Department 行政部

管理人员

General Manager 总经理　　Department Manager 部门经理

supervisor 主管　　　　　captain 领班

服务人员

waiter/waitress 服务员　　　　cleaner 清扫员　　guard 保安

floor attendant 楼层服务员　　operator 接线员　hostess 女迎宾员

bellboy/bellman/doorman 门童　cashier 收银员　receptionist 接待员

Scene ⑤
结账退房

下面是我们住宿部分的最后一个单元——结账退房。在加拿大酒店，结账的方式有很多，现金刷卡均可，这些问题都不大。但是需要注意的是要看清楚费用明细，不清楚的地方一定要寻根问底，本单元的目的就是消除您在语言上的障碍。

▶▶ 场景救命句

救命句1： 我现在要退房。

英文：I'm checking out now.

谐音：爱目 柴客硬 阿无特 那无。

　　这句话是退房时的必备句，讲明目的，宾馆的服务人员便可以进一步帮您完成退房的相关手续。

救命句2： 这是什么的钱?

英文：What is this for?

谐音：沃特 意思 这斯 否?

退房 **我可以用信用卡支付吗？Can I pay by credit card?**

◎ 我要退房。请给我账单。
I'd love to check out. My bill, please.

◎ 今天我要退房，请在早上将我的账单准备好。
I am checking out today. I'd like my bill ready this morning.

◎ 我今晚/明天……点钟离开。
I'm leaving this evening/tomorrow at...o'clock.

◎ 什么时候结账都可以。
You can check out anytime you like.

◎ 请稍等。服务员正在检查房间。
One moment please, the attendant is checking the room service for you now.

◎ 非常感谢这一切。再见！
Thank you very much for everything. Goodbye!

费用
明细 **我之前用现金付的。I paid cash for it.**

◎ 您使用其他的酒店服务了吗？
Did you use any other hotel services?

◎ 可以给我一个账单明细吗？
Can you give me an item of my bill?

◎ 这20加元是什么费用？What's the 20 Candian Dollars for?

◎ 我没有打国际长途。I didn't make any overseas calls.

退房
相关
咨询 **我能不能晚一点儿退房？Could I check out later?**

◎ 我可不可以多待两个小时？Can I stay another two hours?

◎ 我明天要退房。我必须什么时候把房间空出来呢？
I'm checking out tomorrow. What time must I vacate the room?

◎ 过了离店时间会收罚金吗？
Is there a penalty for late checkout?

相关
服务 **这是你的收据。Here is your receipt.**

◎ 请为我叫一辆出租车。
Would you call a taxi for me, please?

◎ 退房后我能把行李寄存在这儿吗？
Can I store my luggage here after checkout?

1 **我要退房**

| A: 先生，我能帮您吗？ | B: 是的，我要退房。请给我账单。 |

A: Can I help you, sir?
B: Yes, I'd love to check out. My bill, please.

2 **付款方式**

| A: 早上好！有什么可以帮忙的吗？ | B: 我可以用信用卡支付吗？ |

A: Good morning. May I help you?
B: Can I pay by credit card?

3 **已付款项**

| A: 你今天用早餐了吗？ | B: 是的，但是我用现金付的。 |

A: Did you have breakfast this morning?
B: Yes, but I paid cash for it.

4 **未付款项**

| A: 您使用其他的酒店服务了吗？ | B: 是的。我用了小酒吧，喝了罐可口可乐。 |

A: Did you use any other hotel services?
B: Yes. I used the mini-bar. I drank a can of coca-cola.

5 **费用细节**

| A: 对不起，这是什么的钱？ | B: 这是你的酒水费和电话费。 |

A: I'm sorry. What does this amount for?
B: That's for the drinks and phone calls you made from your room.

6 **完成退房**

| A: 这是你的收据。我们希望你在这里住得开心，并且有个愉快的回家之旅。 |
| B: 非常感谢这一切。再见！ |

A: Here is your receipt. We hope you enjoyed your stay with us here and that you'll have a pleasant trip home.
B: Thank you very much for everything. Goodbye!

7 **退房检查**

| A: 房间号是23，这是我的钥匙和押金单。 | B: 好，请稍等。服务员正在检查房间。 |

A: Room 23. Here is the key and my deposit receipt.
B: Thank you. One moment please, the attendant is checking the room service for you now.

结账付款

voucher 优惠券　　bill 账单　　credit card 信用卡　　change 零钱
room card 房卡　　receipt 收据　　travel check 旅行支票
passport 护照　　deposit 押金　　foreign currency 外币

关于账单

international call 国际长途　　　　local call 本地电话
long-distance call 长途电话　　　　drinks 饮料

额外费用

late checkout charge 晚离店罚金　　extension fee 延期费
extra bed fee 加床费　　　　　　　beverage fee 饮料费

就餐篇

Chapter

5

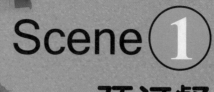

Scene ①

预订餐厅

在加拿大，并不存在真正的"加拿大菜肴"，源自英国、法国、意大利、希腊的传统西方菜肴基本上统治了加拿大人的餐桌。随着移民的增加，越来越多的亚洲餐馆，尤其是中国餐馆大量出现。总之，无论你选择什么菜系，掌握预订餐厅的技巧都是第一位的。

▶▶ 场景救命句

救命句1： 我想订个位子。

英文：I want to make a reservation.

谐音：爱 往图 每科 饿 瑞色喂身。

在加拿大，好的餐厅经常会有很多人排队，而对于国外游客，这些好的餐厅又是不能错过的，因此，有必要在就餐之前进行预约。需要注意的是，国外餐厅预约，餐馆会问你对位置的要求，如果你介意就餐座位的话，最好提前想好坐哪里。

救命句2： 还有空桌么？

英文：Is there any table available?

谐音：椅子 在耳 艾内 忒包 饿危乐拨？

询问餐厅	**我想尝试一下当地食物。I'd like to have some local food.**

◎ 你能推荐一下这个口味的餐厅吗？
Could you recommend that kind of restaurant?

◎ 此地餐厅多集中在哪一区？
Where is the main area for restaurants?

◎ 这附近是否有中餐馆？Is there a Chinese restaurant around here?

◎ 这附近是否有价位不贵的餐厅？
Are there any inexpensive restaurants near here?

◎ 你知道现在哪儿还有餐厅营业吗？
Do you know of any restaurants open now?

◎ 您能推荐一家这附近好吃的餐馆吗？
Could you recommend a good restaurant near here?

预约信息	**你们一行几人？How many in your party?**

◎ 我想预约今晚7点的两人位。
I'd like to reserve a table for two at seven tonight.

◎ 我想要预约3个人的位子。I'd like to reserve a table for three.

◎ 我需要预约位子吗？Do I need a reservation?

◎ 因为位子有限，请提前与我们预约。
Slots are very limited. Please contact us in advance to reserve.

◎ 您什么时候可以到达本餐厅？What time will you arrive?

座位要求	**我们想要吸烟区的桌位。We'd like a smoking table.**

◎ 我们可以选靠近乐队的桌位吗？
Could we have a table close to the band?

◎ 我们喜欢靠窗的桌位。We'd prefer a table by the window.

◎ 如果可能的话，我想要安静的角落。
I'd like a quiet corner, if possible.

◎ 如果可能的话，请给我一个包间。
Please give me a booth if possible.

预约确认	**我要确认一下我的订位。I want to confirm my reservation.**

◎ 我想要确认今晚8点五人座的订位纪录。
I want to confirm my reservation for five people tonight at 8 o'clock.

预约询问	**我能用支票付账吗？May I pay with a check?**

◎ 请问你的订位要从几点开始呢？
What time would you like the reservation for?

◎ 餐厅有没有任何服装上的规定？Do you have a dress code?

◎ 敬请来宾着正装或礼服出席。Please attend in formal attire.

☆ **询问相关餐馆**

| A: 这附近有没有中国餐厅? | B: 对街有一家。 |

A: Are there any Chinese restaurants around here?
B: There's one across the street.

☆ **约定时间**

| A: 您在什么时候可以到达本餐厅? | B: 请把我们的时间订在七点一刻。 |

A: What time will you arrive?
B: Please put us down for a quarter after seven.

☆ **就餐人数**

| A: 你们一行几人? | B: 我们将有3人就餐。 |

A: How many in your party?
B: Three of us will dine together.

☆ **无烟区**

| A: 你们希望在吸烟区还是无烟区就餐? | B: 无烟区,谢谢。 |

A: Would you prefer the smoking, or non-smoking section?
B: The non-smoking section will be fine, thanks.

☆ **大厅与雅座**

| A: 你们想在大厅就餐还是在雅座就餐? |
| B: 如果可能的话,请给我们在雅座预订座位。 |

A: Would you like a table or a booth?
B: Please give me a booth if possible.

☆ **支付方式**

| A: 你们愿意以什么方式支付?现金、支票还是信用卡? |
| B: 如果你们接受支票的话,我将用支票来支付。 |

A: How will you pay? Cash, check or credit card?
B: I will pay with a check as long as you accept them.

☆ **订餐署名**

| A: 请问是以谁的名字订位的? | B: 马特·张。 |

A: Under what name was the reservation made?
B: Matt Zhang.

☆ **预约确认**

| A: 我要确认一下我的订位。 |
| B: 为您预订了6位,8号,礼拜五,晚上6点半。 |

A: I want to confirm my reservation.
B: Yes, that's a party reservation for six, Friday, the 8th at 6:30.

就餐地点

restaurant 餐馆　　dining-hall 餐厅　　canteen食堂

pub 酒吧　　drive-in免下车餐馆　　café 咖啡馆，小餐馆

bakery 面包店　　pizzeria 比萨饼店　　snack bar/小吃店

就餐类型

regular dinner 套餐　　picnic野餐　　buffet 自助餐

banquet 宴会　　feast 盛宴　　spread 大餐，酒席

a la carte (按菜单)逐道点菜

关于餐桌

booth / private room 包间　　a table for eight 一张容八人的餐桌

non-smoking table 禁烟餐桌　　smoking table 可吸烟餐桌

window table 靠窗的桌子

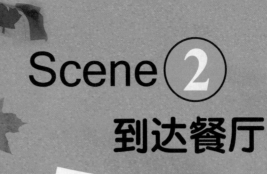

Scene ②

到达餐厅

就像我们在国内就餐一样，到达餐厅后，先是要选择座位，简单了解一下餐厅的情况比如菜品、价位等，然后才正式进入点菜流程。当然，万一餐厅的座位已满，我们还得做一个选择：等待或者离开。

➤➤ 场景救命句

救命句1： 您预订餐桌了吗？

英文： Have you booked a table?

谐音： 海巫 油 不科特 饿 忒包？

和国内一样，预订了餐馆最好准时到达，否则过了预订的时间可能就找不到位子了。

救命句2： 我们现在客满了，你介意等10分钟吗？

英文： We're full now. Would you mind waiting about ten minutes?

谐音： 威尔 副 那无. 乌达 油 慢的 唯亭 饿巴乌特 藤 迷你次？

挑选 位置	**您预订了吗? Do you have a reservation?**
	◎ 请问有两个人的桌子吗? Have you got a table for two, please? ◎ 我很抱歉让你久等了。 I'm very sorry to have kept you waiting. ◎ 吸烟区还是非吸烟区? Smoking or non-smoking?

餐厅 客满	**营业到几点? How late are you open?**
	◎ 对不起,今天晚上都订满了。 I'm sorry. We're all booked up tonight. ◎ 要等多长时间? How long is the wait? =How long do we have to wait? =Is the wait long? ◎ 我们可以等。We can wait.

来客 人数	**五个人的桌。A table for five.**
	◎ 请问您几位? How many in your group? = How many of you altogether?

询问 座位	**那有张7人用餐的桌子。您想要吗?** **There's a table for seven over there. Would you like it?**
	◎ 有空座位吗? Do you have any table available? = Is there any space? = Is there a vacant table? ◎ 这儿是您的桌子。行吗? Here's your table. Will it do? = Here's your table. Is it all right? = Here's your table. Is it acceptable?

来客 确认	**我们已经以John Miller的名字订了位子。** **We have a reservation under the name John Miller.**
	◎ 我们已经以John Miller的名字订了位子。 We've already booked under the name John Miller.

是否订位

A: 晚上好，先生，您有预订桌位吗？ | B: 没有。

A: Good evening, sir. Do you have a reservation?
B: I am afraid not.

  餐馆客满

A: 非常抱歉，我们现在客满了，先生您介意等10分钟吗？ | B: 不，我不介意。

A: I'm very sorry, we're full now. Would you mind waiting about ten minutes, sir?
B: No, I don't mind.

  餐馆等位

A: 很抱歉让你久等了，先生。 | B: 没关系。

A: I'm very sorry to have kept you waiting, sir.
B: It doesn't matter.

 桌位选择

A: 这张桌子可以吗？

B: 是的，很好，我今晚时间不多，必须8点半在大厅会见我的朋友。

A: Is this table all right?
B: Yes, good. I don't have much time tonight. I have to see my friend at eight thirty in the lobby.

  已预订位子

A: 对不起，我们所有的座都满了。 | B: 我预订了位子。

A: I'm sorry. All our tables are full.
B: I made a reservation.

  寻找空位

A: 有空座位吗？ | B: 有的，夫人。

A: Is there a table vacant?
B: Yes, ma'am.

  换位子

A: 我们可以换张桌子吗？这里太冷了。 | B: 可以的，这张可以吗？

A: Could we change tables? It's too cold here.
B: Yes, is this OK?

餐具词汇

cutlery 餐具　　　　fork 叉子　　　bowl 碗　　　cover 全套餐具

toothpick 牙签　　　saucer 茶碟　　　cup 茶杯　　　glass 玻璃杯

wineglass 酒杯　　　spoon 勺子　　　straw 吸管　　　knife 刀子

tablecloth 桌布　　　seasoning/spice 调料　　　salt cellar 盐瓶

pepper pot 胡椒瓶　　serviette/napkin 餐巾　　　plate 盘子，碟子

饮食词汇

breakfast 早餐　　　lunch 午餐　　　dinner 晚餐　　snacks 小吃

starter 餐前小吃　　dish 菜　　　soup 汤　　　drink 饮料

main course 主菜　　dessert/sweet 饭后甜食

children's portion 儿童餐

餐厅词汇

gourmet restaurant 菜肴精美的餐馆　　waiter/waitress 男/女服务员

set meal/menu 既定菜谱/菜单　　menu of the day 每日菜单

salad bar (自助)色拉餐台　　tip 小费

speciality 特色菜　　cook 厨师

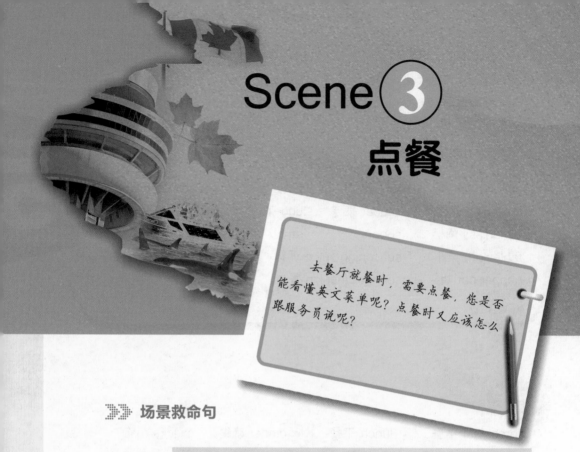

Scene ③
点餐

去餐厅就餐时，需要点餐，您是否能看懂英文菜单呢？点餐时又应该怎么跟服务员说呢？

>>> **场景救命句**

救命句1: 我现在可以点菜了吗?

英文: May I order now?

谐音: 美 爱 奥德 挠?

在加拿大点餐时需要注意，加拿大没有白酒，平常喝的是啤酒和葡萄酒。加拿大人忌食虾酱、鱼露、腐乳以及有怪味、腥味的食物和动物内脏，所以点餐时要注意。

救命句2: 请给我来份土豆汤。

英文: I'd like potato soup, please.

谐音: 爱的 来可 破茓头 扫普 普利兹。

索要 菜单	**请把菜单给我。May I have a menu, please?**

◎ 是否有中文菜单？Do you have the menu in Chinese?

◎ 如果我身边能有个人给我解释菜单，那就简单多了。
It would have been easier if I had someone who could explain the dishes to me.

选择 酒类	**我可以点杯酒吗？May I order a glass of wine?**

◎ 饭前你想喝点什么吗？
Would you like something to drink before dinner?

◎ 餐厅有些什么餐前酒？
What kind of drinks do you have for an aperitif?

◎ 我可以看看酒水单吗？May I see the wine list?

◎ 餐厅有哪几类酒？What kind of wine do you have?

◎ 我想点当地出产的酒。I'd like to have some local wine.

◎ 能否推荐一些不错的酒？
Could you recommend some good wine?

菜色 询问	**我想尝试一下当地食物。I'd like to have some local food.**

◎ 今天的推荐餐是什么？
What do you have for today's special?

◎ 餐厅的招牌菜式是什么？
What is the specialty of the restaurant?

◎ 我想来点清淡些的，你有什么推荐吗？
What would you recommend? I prefer something light.

◎ 能告诉我这道菜是怎么做的吗？
Could you tell me how this thing is cooked?

点菜	**请给我来这个。Please give me this one.**

◎ 我们要两份八号套餐。We want two number eights, please.

◎ 我能要一份那样的吗？Can I have the same dish as that?

◎ 我想要一份开胃菜。I'd like appetizers.

◎ 餐厅是否供应素食餐？Do you have vegetarian dishes?

◎ 我稍后再点甜品。I'll order dessert later.

◎ 主菜您想点什么？What would you like for your main course?

索要菜单

| A: 打扰一下，我能看看菜单吗？ | B: 当然，给你，先生。 |

A: Excuse me, could I see the menu, please?

B: Sure. Here you are, sir.

 点餐建议

| A: 你有什么推荐吗？ | B: 鸡汤很不错。 |

A: What do you recommend?

B: Chicken soup is very good.

 烹饪方法

| A: 能告诉我这道菜是怎么做的吗？ | B: 龙虾吗？蒸过后加上本店特制的调味料。 |

A: Could you tell me how this thing is cooked?

B: Lobster? It's steamed and served with our special sauce.

 选择酒水

| A:您想点什么酒？ | B: 我想点当地出产的酒。 |

A: What kind of wine do you want to order?

B: I'd like to have some local wine.

 特色菜式

| A: 餐厅的招牌菜式是什么？ | B: 沙丁鱼和羊排。 |

A: What is the specialty of the restaurant?

B: Sardine and lamb chop.

 选择主菜

| A: 主菜您想点什么？ | B: 菲力牛排。 |

A: What would you like for your main course?

B: Filet mignon, please.

 选择甜品

| A: 要点甜点吗？ | B: 不。我过一会儿再点。 |

A: Anything for dessert?

B: No. I'll order dessert later.

汤　类

pottage/thick soup 浓汤　　curry chicken soup 咖喱鸡汤

tomato soup 西红柿汤　　beef balls soup 牛肉丸子汤

vegetable soup 菜汤　　creamed ham soup 奶油火腿汤

cabbage soup 洋白菜汤　　beef and vegetable soup 牛肉蔬菜汤

主　食

bread 面包　　hot dog 热狗　　pizza 比萨饼　　bun 小圆面包

toast 烤面包/土司　　rye bread 黑麦面包　　oatmeal 燕麦粥

hamburger 汉堡包　　sandwich 三明治　　macaroni 通心面

spaghetti 意大利面条　　meat-pie 肉馅饼　　barley gruel 大麦粥

主　菜

beef steak 牛排　　roast beef 烤牛排　　curry beef 咖喱牛排

lamb chop 羊排　　roast mutton 烤羊肉　　roast veal 烤小牛排

pork chop 猪排　　sliced ham 火腿片　　roast turkey 烤火鸡

roast duck 烤鸭　　braised beef 焖牛排　　curried chicken 咖喱鸡

spiced beef 五香牛排　　sardine 沙丁鱼　　real cutlet/veal chop 小牛排

Scene ④

用餐中

在享用美食的同时，如果能有礼貌地使用英语和服务员对话那就更好了。下面就教大家一些简单的英语口语表达。

▶▶ 场景救命句

救命句1: 请把盐递给我。

英文: Please pass me the salt.

谐音: 普利兹 帕斯 米 则 扫特。

 加拿大的用餐礼节和国内差不多。饭前先用餐巾印一印嘴唇，以保持杯口干净。吃东西时不要发出声音，不宜说话，不要当众用牙签剔牙，切忌把自己的餐具摆到他人的位置上。加拿大人认为正确、优雅的吃相是绅士风度的体现。

救命句2: 我想要点儿水。

英文: I want some water.

谐音: 爱 往特 桑木 沃特。

菜品 询问	**甜点有几种? What do you have for dessert?**
	◎ 咖啡包含在饭里吗? Is coffee included in this meal?
	◎ 这是什么口味的芝士? What kind of cheese is this?

提出 要求	**你能去催催菜吗? Can you hurry it?**
	◎ 我能再看一下菜单吗? Can I see the menu again?
	◎ 我点的食物还没来。My order hasn't come yet.
	◎ 请给我不含碳酸的矿泉水。 Uncarbonated mineral water, please.
	◎ 请再给我一些面包。May I have some more bread, please?
	◎ 请给我一些甜点。I'd like some dessert, please.
	◎ 请给我一杯水。I'd like a glass of water, please.
	◎ 可以给我一些芝士吗? May I have some cheese?
	◎ 请把盐/胡椒给我。Could you pass me the salt/pepper?
	◎ 可不可以不要甜点改要水果? Can I have some fruit instead of the dessert?
	◎ 我在哪里可以拿到刀叉? Where can I get a knife and fork?
	◎ 不好意思，我点的鸡肉沙拉现在还没上来。 Excuse me, my chicken salad isn't here yet.

美味 菜肴	**好吃极了。It's excellent.**
	◎ 看上去都很好吃! They all look so delicious.
	= All the dishes look yummy.
	= All the food look good.
	◎ 我从来没吃过这么好吃的菜。 I've never eaten such delicious food.
	◎ 吃起来很美味。It tastes very good.

询问 吃法	**吃寿司不用调料吗? Do you eat sushi plain?**
	◎ 你怎么吃螃蟹? How do you eat crab? =How do you like to eat crab?
	◎ 请告诉我如何食用这道菜? Could you tell me how to eat this?

☆ 食用方法

| A: 请告诉我如何食用这道菜好吗? | B: 你可以和汤一起食用。 |

A: Could you tell me how to eat this?
B: You can take it with the soup.

 ☆ 添加面包

| A: 请再给我一些面包。 | B: 你想要什么口味的面包? 白面包还是全麦面包? |

A: May I have some more bread, please?
B: Which would you like for bread? White or whole wheat?

☆ 确认菜品

| A: 我点的鸡肉沙拉现在还没上来。 | B: 我不知道您点了鸡肉沙拉。 |

A: My chicken salad isn't here yet.
B: I didn't know you wanted chicken salad.

 ☆ 催菜

| A: 你能去催催菜吗? | B: 好的,我让厨师快一点。 |

A: Can you hurry it?
B: Yes, I'll tell the chef to hurry.

 ☆ 饮料续杯

| A: 能给我续杯吗? | B: 好的,还需要什么吗? |
| A: 请给我不含碳酸的矿泉水。 | |

A: Can I have a refill?
B: Sure. Anything else I can bring you?
A: Uncarbonated mineral water, please.

 ☆ 加菜

| A: 我能再看一下菜单吗? | B: 好的,给您菜单。 |

A: Can I see the menu again?
B: Yes, here you are.

特殊习惯

diet 节食	non-alcoholic 不含酒精的	raw 生的
well-done 熟透的	hard-boiled (煮得)老的	done 熟的
lean 脂肪少的	vegetarian 素食的	
soft-boiled (煮得)嫩的	diabetic 供糖尿病患者选用的	

酒种分类

alcoholic drink 酒	wine 葡萄酒	strong wine 烈酒
whisky 威士忌	brandy 白兰地	beer 啤酒
Chivas 芝华士	champagne 香槟	cocktail 鸡尾酒

问题抱怨

out of date 过期	stale chips 变味的土豆片
sour milk 酸牛奶	lukewarm coffee 温咖啡
soggy bread 未烤透的面包	

饮　品

green tea 绿茶	black tea 红茶	jasmine tea 茉莉花茶
yogurt 酸奶	fruit juice 果汁	lemonade 柠檬汁
milk 牛奶	soda water 汽水	mineral water 矿泉水
tea 茶	orangeade 桔子汁	plain coffee 纯咖啡
coffee 咖啡	instant coffee 速溶咖啡	white coffee 加牛奶的咖啡
black decaffeinated coffee 无咖啡因的黑咖啡		

Scene ⑤
结账打包

就餐完毕就可以结账了，保险起见，结账的时候最好核对一下账单，顺便把剩下的饭菜打包带走，避免浪费。

▶▶ 场景救命句

救命句1： 我要结账。

英文：Check, please.

谐音：柴客，普利兹。

救命句2： 你能再确认一下账单吗?

英文：Can you double check the bill?

谐音：砍 油 打博 柴客 则 比哦?

尽管西方国家的整体社会风气及商业环境十分完善，但是面对异国游客难免会有少数餐馆出现欺诈行为，因此我们在结账时最好核对一下账单明细。

结账
买单

可以在这儿付账吗？ Can I pay here?

◎ 我要结账。Could I have the check, please?
  =I want to settle the bill.
◎ 我不付现金，签单可以吗？ Can I sign instead of paying in cash?
◎ 我们要分开付账！ We want separate checks, please!
◎ 账单不会分开。我会把账算在一起。
  No separate checks. I'll put it all on one.
◎ 你们收支票吗？ Do you accept cheque?
◎ 可以用这张信用卡付账吗？ Can I pay with this credit card?
◎ 我请客。 This is my treat.
  = I'll pay for dinner.
  = I'll treat you.
◎ 我们各付各的吧。 Let's go Dutch.
  =Let's split the bill.
◎ 我们分开付款。 We'd like separate bills.
  = We'd like to pay separately.

账单
收据

包括服务费吗？ Does this include service?

◎ 我觉得账单有一些错误。 I think there is a mistake in the bill.
◎ 你能再确认一下账单吗？ Can you double check the bill?
◎ 我想你们对同一种东西收了两次费用。
  I believe you have charged me twice for the same thing.
◎ 恐怕这里出错了。 I'm afraid there has been a mistake.
◎ 请给我收据。 May I have the receipt, please?
◎ 请帮我开一张50加元的发票。
  Please make out an invoice for C$50.

打包
带走

我想把剩下的食物带走。 I want to go with the food left.

◎ 能不能给我一个打包盒？ Can you give me a doggie bag?
◎ 我想把剩下的食物打包带走。 I'd like to take the rest home.
  = I'd like to take the leftovers home.
◎ 请你将这个打包，行吗？ Could you wrap this, please?
  =Could you pack this up, please?

场景对话

 询问用餐情况

A: 你们吃完了吗?	B: 吃完了。请拿账单来。

A: Are you through with your meal?
B: Yes, we are. Could we have the check, please?

 支付方式询问

A: 你们收支票吗?	B: 对不起,我们不收。我们只收信用卡和现金。

A: Do you accept cheque?
B: No, I'm sorry we don't. We accept credit cards and cash.

 信用卡支付

A: 我没带现金。我能用信用卡结账吗?	B: 当然可以。

A: Well, I don't have any cash with me. Can I pay with this credit card?
B: Of course.

 打包带走

A: 我想把剩下的食物带走。	B: 我明白。我为您拿打包盒。

A: I want to go with the food left.
B: I see. I will bring some to-go boxes for you.

 如何结算

A: 请结账。	B: 一起算还是分开算?	A: 我们分开结账。

A: Bill, please.
B: Together or separately?
A: We want separate checks, please!

 账单有误

A: 我想你们对同一种东西收了两次费用,你看,6.5加元在这里出现一次,然后这里又出现了。
B: 我马上去给您核实一下,先生。

A: I believe you have charged me twice for the same thing. Look, the figure of 6.5 Canadian Dollars appears here, then again here.
B: I'll just go and check it for you, sir.

 服务费用

A: 包括服务费吗?	B: 是的,一切都包括在内了。

A: Does this include service?
B: Yes, everything is included.

关于打包

wrap 打包　　　　　　　leftover 剩饭，剩菜　　counter 收银台
to-go box 打包盒　　　doggie box 打包盒　　doggie bag 打包袋
pack the leftovers 打包　clean the table 清理桌子

关于结账

bill 账单	pay 付款	check 支票/账单
tip 小费	in total 总共	cashier 收银员
change 零钱	payment 付款	counter 收银台
service 服务费	cash 现金	credit card 信用卡
service charge 服务费	go Dutch AA制	It's on me. 我请客。
personal check 个人支票	split the bill 分开付账	mistake 错误
receipt 收据	debit card 借记卡	in total 总共
separate checks 分开付费		

观光篇

Chapter

6

Scene ①
自由行

自由行的好处是自由、随意，可以根据个人的喜好和习惯安排旅程，但同时也有更多的事情需要自己安排。

>> **场景救命句**

救命句1： 旅游信息中心在哪？

英文：Where is the tourist information office?

谐音：维尔 以资 则 图瑞斯特 因佛没申 奥非死？

加拿大的旅游设施很完备，基本上所有著名的旅游景点都配有旅游信息中心，在那儿你可以找到与旅游相关的所有信息。进入一个新旅游区时，如果不太熟悉，可以先找旅游信息中心。

救命句2： 我在哪乘车？

英文：Where can I get the bus?

谐音：维尔 砍 爱 给特 则 巴斯？

询问旅游信息	**我想要张巴士线路图。I'd like a bus route map.**
	◎ 旅游信息中心在哪？Where is the tourist information office?
	◎ 有这个镇的观光手册吗？ Do you have a sightseeing brochure for this town?
	◎ 你有免费的城市地图吗？Do you have a free city map?
	◎ 能告诉我一些好玩的地方吗？ Could you tell me some interesting places?
	◎ 能推荐一些行程吗？ Could you please recommend some popular tours?
	◎ 在哪儿能看到美好风光？ Where is the place to enjoy a nice view?

询问路线	**那离这儿多远？How far is it from here?**
	◎ 那离这里远吗？Is it far from here?
	◎ 步行到那里需要多长时间？ How long does it take to get there on foot?
	◎ 我能乘巴士去那儿吗？Can I go there by bus?
	◎ 去那儿多少站？How many bus stops until there?
	◎ 我在哪乘车？Where can I get the bus?
	◎ 你能在地图上给我指路吗？ Could you show me the way on this map?
	◎ 我怎么到这个地址？How can I get to this address?

询问门票	**门票多少钱？How much is the ticket?**
	◎ 这张门票都包含了什么项目？ What does this ticket include?
	◎ 这张门票的有效期是多久？How long is this ticket valid?
	◎ 我可以要两张成年人票和一张儿童票吗？ Could I have two adults and one child's tickets?
	◎ 我可以享受学生优惠吗？ Could I have the student concession?
	◎ 我可以预订门票吗？Could I book the tickets?

询问景点周边信息	**这附近有餐馆吗？Is there any restaurant near here?**
	◎ 我在哪可以买到咖啡？Where could I get a cup of coffee?
	◎ 我在哪里可以打车？Where could I take a taxi?

☆ 询问信息

| A: 能告诉我一些好玩的地方吗? | B: 当然。这本小册子里面有很多介绍。 |

A: Could you tell me some interesting places?
B: Sure. There's a lot here in this pamphlet.

☆ 索取地图

| A: 你有免费的城市地图吗? |
| B: 你可以去城市广场入口处的游客信息中心免费领取。 |

A: Do you have a free city map?
B: You can find them in the information centre at the entrance of the City Square.

☆ 推荐景点

| A: 你可以给我推荐一些好的景点吗? |
| B: 你可以搭乘缆车去山顶欣赏最美丽的日落。 |

A: Could you recommend some good places?
B: You can take the skyline to the top of the mountain. It's the best place to see the sunset.

☆ 询问线路

| A: 打扰一下。我怎么到这个地址? | B: 直走,第二个红绿灯左转。 |

A: Excuse me. How can I get to this address?
B: Go straight and turn left at the second traffic light.

☆ 询问门票包括内容

| A: 这张门票都包含了什么项目? |
| B: 门票包含了公园入园费以及上山缆车的费用。 |

A: What does this ticket include?
B: It includes the park entrance fee and the skyline fee.

☆ 门票优惠

| A: 我可以享受学生优惠吗? | B: 当然,可以出示一下你的学生证吗? |

A: Could I have the student concession?
B: Yes, please show me your student card.

☆ 预订门票

| A: 我可以预订两张画展的门票吗? | B: 当然,总共是50加元。 |

A: Could I book two tickets for the gallery?
B: Sure, it's fifty Canadian dollars.

景　点

historical place 名胜古迹　　famous spots 名胜

place of interest 名胜地区　　concert hall 音乐厅

art gallery 美术馆　　picture gallery 画廊

open time 开门时间　　close time 关门时间

gallery 画廊　　museum 博物馆　　cinema 电影院

theater 剧院　　stadium 体育场　　aquarium 水族馆

zoo 动物园　　park 公园　　cafe 咖啡店

门　票

adult ticket 成人门票　　concession 优惠

child ticket 儿童门票　　student ticket 学生门票

family ticket 家庭门票　　change 零钱

on sale 销售　　buy 买

游　览

guide 导游　map 景点地图　　tram 有轨电车

train 火车　double-deck bus 双层公交车　bus terminal/station 车站

Scene ②
旅行社

　　跟旅行社出游是比较省心的一种旅游方式，但这并不意味着我们就可以完全不用花心思了。要想玩得全面和深入，就要跟旅行社详细确认路线、行程以及在游览中会得到哪些服务，下面就教您如何解决这些问题。

>> 场景救命句

救命句1： **有说中文的导游吗？**

英文：Do you have a Chinese-speaking guide?

谐音：度　油　害无　饿　　拆尼斯 斯逼英　盖的?

　　当你决定要随旅行社出游时，首先就是要选一家服务较好的旅行社。要看旅行社的办公设备、服务态度、人员回答问题的知识水平等，这些能够断定旅行社的基本实力。

救命句2： **我应该什么时候回到车上？**

英文：By what time should I be back to the bus?

谐音：佰　沃特　太木　树得　爱比　柏克　吐　则　巴斯?

询问 行程	**你们有一日游吗? Do you have one-day tours?**
	◎ 我想报名参加温哥华游。 I want to sign up for a tour of Vancouver.
	◎ 你跟团去还是单独去? Are you going with a group or on your own?
	◎ 我们一组有多少人? How many members are there in our group?
	◎ 你们有什么样的行程? What kind of tours do you have?
	◎ 能推荐一些好的行程? Could you recommend some popular tours?
	◎ 能告诉我我们将参观哪些地方吗? Could you tell me where we'll visit on this tour?

咨询 时间	**我们在这儿停多久? How long do we stop here?**
	◎ 多长时间完成旅行? How long does it take to complete the tour?
	◎ 我想了解一下这次旅行的时间安排。 May I know the schedule of the tour?
	◎ 我们在中心公园有自由活动的时间吗? Do we have free time at central park?
	◎ 我们有足够时间照相吗? Do we have enough time to take pictures?
	◎ 我们有吃东西的时间吗? Do we have time to eat?
	◎ 我应该什么时候回到车上? By what time should I be back to the bus?

交通 情况	**这有观光巴士旅行吗? Is there a sightseeing bus tour?**
	◎ 我们将乘坐什么交通工具? What kind of transport will we take?

询问 价格	**这个价格都包括了些什么? What does the price include?**
	◎ 我需要买门票吗? Do I need to buy the ticket?
	◎ 一日游要多少钱? How much will a one-day tour cost?
	◎ 能告诉我这个旅行团的价格吗? Can you tell me the price of the tour group?
	◎ 我可以享受学生优惠吗? Could I have the student concession?

导游 情况	**你们有中文导游吗? Are there tour guides who speak Chinese?**
	◎ 我想要一个经验丰富的导游。 I'd like an experienced tour guide.

行程咨询

| A：你想要什么样的旅行？ | B：我想游览历史古迹。 |

A: What kind of tours do you want?

B: I'd like historical sights tour.

  询问跟团人数

| A：我们一组有多少人？ | B：大概20人。 |

A: How many members are there in our group?

B: About 20.

  询问交通方式

| A：我们将乘坐哪种交通工具？ | B：这取决于您。 |

A: What kind of transport will we take?

B: It's up to you.

  询问价格

| A：一日游要多少钱？ | B：大约100加元。 |

A: How much will a one-day tour cost?

B: About C$100.

  询问导游

| A：你们有中文导游吗？ | B：有。我们有汉语、英语和法语导游。 |

A: Are there tour guides who speak Chinese?

B: We do. We have guides who speak Chinese, English and French.

 旅游景点

| A：你想参观什么样的旅游景点？ | B：大多是历史古迹吧。 |

A: What kind of sights are you interested in seeing?

B: Mostly historical sights.

关于旅行社

travel agent 旅行社　　group tour 组团游　　tour guide 导游
airfare 机票费用　　private tour 个人游　　member 成员
one-day tour 一日游　　local guide 本地导游
tour arrangement 旅游安排
Tourist Information Center 旅游信息问询处
price of the tour group 旅行团的价格

关于景点

on season 旺季　　off season 淡季　　historical sights 历史古迹
water 水　　hill/mountain 山　　tourist car 游览车
famous places 名胜　　sightseeing 景点

关于游客

travel 旅行　　traveling expense 旅费　　trip 旅行
honeymoon 蜜月　　luggage 行李　　inquire 询问
tourist visa 观光签证

Scene ③
游览观光

在观光过程中，我们需要用眼睛、耳朵、甚至身体去感受加拿大景点的独特魅力。有些时候，我们则需要对景点背后的故事有更多的了解。如何了解景点信息、如何在游览中获得更多的帮助？下面这个单元会给您答案。

▶▶ 场景救命句

救命句1： 这个景点有什么故事或是历史吗？

英文：What is the story behind...?

谐音：沃特 椅子 则 斯道瑞 比汗的……?

救命句2： 这里允许照相吗？

英文：Are we allowed to take photographs here?

谐音：阿 喂 额劳德 兔忒可 浮头格绕幅斯 黑儿?

世界各地的美术馆和博物馆，很多情况下是不允许拍照或使用闪光灯拍照的，所以我们在拍照前，不妨先礼貌地询问一下。

介绍 服务	**这里有带解说的参观团吗? Do you offer a guided tour here?**

- ◎ 下一场带解说的参观团几点开始?
What time does the next guided tour start?
- ◎ 这个参观团要多久? How long is the tour?
- ◎ 有汉语讲解的参观团吗? Is there a tour in Chinese?
- ◎ 有展览目录吗? Is there an exhibition catalogue?
- ◎ 我可以拿走宣传册吗? Could I keep the brochure?
- ◎ 非常感谢带领我们游览。Thank you for guiding us.

景点 信息	**这里以什么闻名? What is this place famous for?**

- ◎ 这座建筑是什么时候建成/修复的?
When was this building built / refurbished?
- ◎ 这座建筑源于哪个时期? From what era is this building?
- ◎ 这幅画的作者是谁? Which artist painted this picture?
- ◎ 谁曾经住在这? Who lived here?
- ◎ 那条河叫什么名字? What is the name of that river?
- ◎ 出口在哪里? Where is the exit?

配套 服务	**哪里可以存包? What can I find a deposit box?**

- ◎ 哪里有礼品店? Where is the gift shop?
- ◎ 在哪里可以买到明信片? Where can I buy the postcard?
- ◎ 您有……的海报/明信片/幻灯片吗?
Have you got a poster/postcard/slide of...?
- ◎ 我可以去哪里买杯咖啡?
Where could I get a cup of coffee?

拍照	**我可以在这里拍照吗? Could I take photos here?**

- ◎ 我可以使用闪光灯拍照吗? Could I use the flash here?
- ◎ 您可以帮我们在这里拍一张照吗?
Could you help us take a photo here?
- ◎ 您可以帮我竖着照吗? Could you take the photo lengthwise?

关于 景点	**快过来看看这儿美丽的风景。** **You have to come and see this wonderful view.**

- ◎ 这里好美啊! What a beautiful place!
= This place is really something!
= It's so beautiful here!
= What an amazing place!
- ◎ 我会一辈子都珍记这里的。
I will cherish my visit here in memory as long as I live.

1 参观团

| A：这里有带解说的参观团吗？ | B：有的，下一场半小时后开始。 |

A: Do you offer a guided tour here?
B: Yes, the next guided tour will start in half an hour.

2 中文讲解

| A：有汉语讲解的参观团吗？ | B：是的，我们有两个说中文的导游。 |

A: Is there a tour in Chinese?
B: Yes, we have two guides who speak Chinese.

3 特色景点

| A：这里以什么闻名？ | B：这里以海滩和啤酒闻名。 |

A: What is this place famous for?
B: It's famous for the beach and beer.

4 配套服务

| A：我可以去哪里买杯咖啡？ | B：在中央湖的旁边有一个咖啡店。 |

A: Where could I get a cup of coffee?
B: There is a cafe beside the center lake.

5 存包服务

| A：打扰一下，请问哪里可以存包？ | B：您可以去顾客服务台，他们会为您保管。 |

A: Excuse me, what can I find a deposit box?
B: You could go to the customer service desk. They will take care of it.

6 可否拍照

| A：打扰一下，请问我可以在这里拍照吗？ |
| B：请注意那边的标志，很抱歉您不可以在这里使用您的相机。 |

A: Excuse me, could I take photos here?
B: Please notice the sign over there. I am afraid you can't use your camera.

7 可否使用闪光灯

| A：我可以使用闪光灯拍照吗？ |
| B：很抱歉这里不能使用闪光灯，闪光灯会刺伤小企鹅的眼睛。 |

A: Could I use the flash here?
B: I am afraid you can't. The flash will hurt the penguin's eyes.

景点类型

holiday resort 度假胜地	summer resort 避暑胜地
gallery 画廊	museum 博物馆
observatory 天文台	monument 纪念碑
remains 遗迹	landmark 地标
national park 国家公园	nature reserve 自然保护区
botanic garden 植物园	safari park 野生动物园
place of pilgrimage 朝圣地	pedestrian precinct 步行街

自然风景

lake 湖泊	fountain 喷泉	waterfall 瀑布	spring 温泉
mountain 山	summit 顶峰	cliff 悬崖峭壁	marsh/swamp 沼泽
volcano 火山	cave 岩洞	forest 森林	hinterland 腹地
beach 海滩	bay 海湾	island 岛屿	gorge/ravine 峡谷

景点服务

guide 导游　　guided tour 带解说的参观团　vantage point 观景处
souvenir 纪念品　refund 退换　　　　　　　brochure 宣传册

有关拍照

photo 照片	camera 相机	beside 旁边
background 背景	notice 注意	sign 标志
flash 闪光	lengthwise 竖立的	

购物篇

Chapter

7

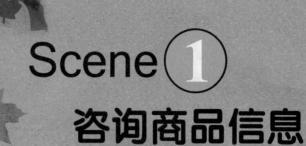

Scene ①

咨询商品信息

　　在购买商品的过程中，简单的交流必不可少，比如询问价格、用途等，本单元提供的一些语句和场景可以帮您更好地了解商品信息，以买到称心如意的商品。

⟫⟫ 场景救命句

救命句1： 我想买……

英文： I am looking for...

谐音： 爱 爱慕 卢克应 否……

　　在商场购物时，最常用到的英语表达就是向售货员询问所需要的商品信息。上面的这个简单句后面的省略号可用您所寻找的商品随意补充，简单又实用。

救命句2： 我可以看看……吗？

英文： Could you show me...?

谐音： 苦的 油 受 密……?

寻找商品	**有更大的吗? Do you have a bigger one?**

◎ 你们没有便宜点儿的衬衣吗?
Don't you have any less expensive shirts?
◎ 能找个我穿的号的衣服吗?
Could you show me something in my size?
◎ 你有跟这个一样的吗? Do you have one like this?
◎ 我想看看秋天穿的大衣。
I'd like to see an overcoat for the autumn.

查看商品	**我想看看这个。I'd like to see this.**

◎ 我能拿下来吗? Can I pick it up?
◎ 能给我看看另一件吗? Could you show me another one?
◎ 有小号的吗? Do you have anything smaller?
◎ 有其他风格的吗? Do you have any other style?
◎ 这个多少钱? What is the price of this?
◎ 我想看看陈列柜里的那条领带。
I'd like to see the tie in the showcase.

咨询意见	**哪个看上去好些? Which one looks better?**

◎ 您推荐什么牌子呢? What brand do you recommend?
◎ 现在流行什么? What's in now?
◎ 您能推荐一下买什么纪念品吗?
What do you recommend as a souvenir?
◎ 我拿不定主意,你推荐哪一种?
I have no idea. Which one would you recommend?
◎ 可以给我一些建议吗? Can you give me some suggestions?

购买商品时攀谈	**我可以帮您什么吗? What can I do for you?**

◎ 我只是看看。I just look around.
=I'm just looking.
◎ 我可以摸摸这条围巾吗? May I touch this scarf?
◎ 请把那条手镯给我看看。Show me that bracelet, please.
◎ 你觉得这个怎么样? How would you like this one?
◎ 这副太阳镜是哪里生产的?
Where is this pair of sunglasses made?

询问商品

A: 请问您需要点儿什么?	B: 这种衬衫有小号的吗?
A: 我给你找找。是的，我们有。	

A: What can I show you?
B: Do you have this shirt in a small size?
A: Let me check. Yes, we have.

  询问价钱

A: 这个多少钱?	B: 800加元。	A: 怎么这么贵!

A: What is the price of this?
B: This one is eight hundred Canadian Dollars.
A: That's too much!

  挑选商品

A: 我想看看陈列柜里的那条领带。	B: 当然可以，给您。

A: I'd like to see the tie in the showcase.
B: Sure, here you are.

  体验商品

A: 我可以摸摸这条围巾吗?	B: 可以，先生，这是用羊毛做的。

A: May I touch this scarf?
B: Yes sir, that one is made of wool.

  购买礼物

A: 女士，能为您效劳吗?	
B: 是这样的，我想为我的侄子买一份小礼物。	

A: What can I do for you, madam?
B: Well, I guess so. I'm looking for a little gift for my nephew.

 询问尺码

A: 你们这儿有什么尺码的?	B: 各种尺码都有。

A: What size do you have?
B: All kinds of sizes.

购物场所

fitting room 试衣间	(shop/sales) assistant 售货员
try on clothes 试装	women's wear 女装部
men's wear 男装部	maternity department 孕妇服装部
shop manager 商店经理	kids' wear/children's garments 童装部
makeup department/section 化妆品部	

商　品

bracelet 手镯	wallet 皮夹	carpet 毛毯
sunglasses 太阳镜	best-selling 畅销品	
merchandise 货品	specialty 特产	

商品颜色

black 黑色的	white 白色的	red 红色的	pink 粉红色的
blue 蓝色的	yellow 黄色的	green 绿色的	brown 咖啡色的
gray 灰色的	orange 橘色的	purple 紫色的	bright 明亮的
showy 显眼的	dark color 深色	light color 浅色	

商品描述

quality 质量	brand 品牌	popular 流行	fit 合适
match 搭配	awful 糟糕的	gorgeous 真棒	soft 柔软
handmade 手工的	on sale 特价销售	size 尺寸	
style/design 款式	go with 与……相配		

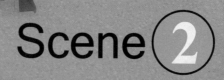

Scene ②

挑选商品

加拿大可以算是购物的天堂，拥有众多国际著名品牌和本土品牌，所以，每到一个城市，都可以去主要的商业街逛逛，还可以在周末去便宜的二手市场淘货。挑选的过程对购物狂们来说将是一个享受的过程，下面的句子会常常用到哦。

▶▶ 场景救命句

救命句1： 您这有其他款式吗？

英文：Do you have any other designs?

谐音：度 油 汉武 爱你 阿泽 狄仔恩斯？

在加拿大购物，需要知道商店的营业时间：周一至周六9:00~18:00，周日9:00~21:00。大型购物场所和市区商家一般为9:00~21:00，一些便利店、超市和药店24小时营业。

救命句2： 我可以试试这个吗？

英文：Can I try this on?

谐音：看 爱 踹 贼死 昂？

试穿	**我可以试穿吗？ Can I try this on?**
	◎ 试衣间在哪？ Where is the fitting room?

品牌及款式	**您最喜欢的品牌是什么？ What's your favorite trade mark?**
	◎ 您比较喜欢哪种衬衫，长袖还是短袖？ What sort of shirt are you interested in, long sleeves or short sleeves?
	◎ 您需要高跟鞋还是运动鞋？ Do you need high heels or sneakers?
	◎ 你们有普拉达的公文包吗？ Do you have Prada briefcases?
	◎ 有适合旅行穿的鞋子吗？ Are there any proper shoes for making a trip?
	◎ 你们有迪奥新出的香水吗？ Do you have the latest Dior perfume?
	◎ 你们还有其他款式吗？ Do you have any other designs?

商品颜色及样式	**您想要什么颜色？ What color do you want?**
	◎ 这个颜色很适合您。 The color favors you.
	◎ 这颜色有点亮，你们还有没有同款式的其他颜色？ It's a little bright for me, do you have any other colors in the same style?
	◎ 这个颜色还有其他款式吗？ Do you have any other patterns in the same color?
	◎ 哪一瓶香水有百合的味道？ Which perfume has a lily scent?
	◎ 我想买清淡一点的香水。 I'm looking for some perfume with light scent.

商品规格尺寸	**您穿多大尺码的？ What is your size?**
	◎ 我不知道，可能是38号。 I have no idea, probably in size 38.
	◎ 这一件是你要的尺寸。 Here's one in your size.
	◎ 你可以帮我量下我的尺寸吗？ Can you measure my size?
	◎ 对不起，我们没有您要的尺寸。 Sorry, we don't have any one in your size.
	◎ 这瓶香水是多少毫升？ How many milliliters are there in this container?

商品材质	**是丝制的吗？ Is it made of silk?**
	◎ 这件西装的材料是什么？ What kind of material is this suit?
	◎ 这些人字拖是用什么做的？ What are the flip-flops made of?

化妆品	**这种乳液怎么用？ How do I use this lotion?**
	◎ 请问是油性皮肤、干性皮肤、混合型皮肤还是敏感性皮肤用？ For oily skin, dry skin, combination skin or sensitive skin?
	◎ 我要买两瓶面霜。 I'd like two bottles of cream.
	◎ 我想找有防晒功能的隔离霜。 I am looking for a make-up base with sun protection.

☆ 试穿

| A: 我可以试穿吗? | B: 当然，我来帮您。 |

A: May I try it on?
B: Sure. Let me help you.

☆ 询问鞋子号码

| A: 您穿多大尺码? | B: 37码。 |

A: What is your size?
B: I wear size 37.

☆ 询问款式

| A: 我感觉这双不太舒服。有适合旅行穿的鞋子吗? |
| B: 试试这个。这个是小牛皮制成的，非常软。 |

A: Hmm, I don't feel very comfortable. Are there any proper shoes for making a trip?
B: Try this one, please. This is made of baby cow leather and is very soft.

☆ 询问商品颜色

| A: 您要什么颜色? | B: 我喜欢紫色的那件。 |

A: What color do you want?
B: I prefer the purple one.

☆ 询问衣服尺寸

| A: 您穿多大尺码? | B: 我不太确定。你可以帮我量一下吗? |

A: What is your size?
B: I'm not sure. Can you measure my size please?

☆ 对香水的要求

| A: 有什么可以为您效劳的吗? | B: 是的，我想买清淡一点儿的香水。 |

A: Is there any help for you?
B: Yes. I'm looking for some perfume with light scent.

☆ 化妆品品牌

| A: 您需要什么? | B: 你们有迪奥新出的香水吗? |

A: May I help you?
B: Do you carry the latest Dior perfume?

☆ 化妆品颜色

| A: 您想要什么颜色? | B: 我更中意靠近肤色的颜色。 |

A: What colors do you like?
B: I prefer normal color.

服 饰

blouse 女式衬衫	long sleeve 长袖	shirt 衬衫
short sleeve 短袖	overcoat 大衣	pattern 图案
trade mark 商标	zipper 拉链	plain 朴素的
fade 褪色	tank top 背心	jeans 牛仔裤
waist 腰围	fitting room 试衣间	pants 裤子
tight 紧的	comfortable 舒适的	glove 手套
knitwear 针织衫	down coat 羽绒服	scarf 围脖
old-fashioned 过时的	latest fashion 最新流行	
swimming suit 泳衣	changing room 试衣间	
turtleneck 高领衣服	spaghetti-strapped shirt 吊带衫	

鞋

leather shoes 皮鞋	high heels 高跟鞋	sneakers 运动鞋
sandals 凉鞋	flip-flops 人字拖	boots 靴子

材 质

cotton 棉	material 材料	silk 丝绸
shrink 缩水	cashmere 羊绒	leather 皮革
wool 羊毛	washable 可洗的	hand-washed 手洗的

Scene ③
挑选化妆品和香水

在加拿大的正规商场，除了商家规定的折扣外，一般是不能讨价还价的。但是在周末和二手集市，能否淘到便宜的好货，讨价还价就非常重要了。下面就介绍一些简单的句式，帮助您买到便宜货。

▶▶ 场景救命句

救命句1：可以给我打折吗?

英文：Could you give me a discount?

谐音：苦的 油 给五 密饿 迪斯康特?

加拿大回国托运可带香水的限制：液体一般是1000ml之内，单瓶不得超过100ml。

救命句2：不能再便宜了吗?

英文：Is that your final price?

谐音：椅子 在特 哟 发爱闹 普赖斯?

询问价格	**这是特价吗？ Is this the sale price?**

◎ 这价钱可以商量吗？ Is the price negotiable?
◎ 这价钱超出我的预算了。 The price is beyond my budget.
◎ 这价钱太离谱了吧？ That's steep, isn't it?
◎ 太贵了，我买不起。 It's too expensive. I can't afford it.

要求折扣	**您能不能给我打个折？ Could you give me a discount?**

◎ 打8折好吗？ How about 20% off?
◎ 这个普拉达的包现在打折吗？
　 Are you having a sale on this Prada bag now?
◎ 你们可以打几折？ How much discount do you give?

砍价用语	**30加元好不好？ How about 30 Canadian Dollars?**

◎ 便宜一点儿的话我马上买。
　 I'd buy it right away if it were cheaper.
◎ 可以便宜点儿吗？ Can you give me a better deal?
◎ 你可以把价钱降低一点儿吗？
　 Could you cut the price a little, please?
◎ 买两个能不能便宜一点儿？ Is there a discount for two?
◎ 要是我全买下，你能便宜吗？
　 If I buy all of them, will you give me a discount?
◎ 我付现金的话，你能便宜吗？
　 Do you give discounts for cash purchases?
◎ 我最多只能出20加元。 My last price is 20 Canadian Dollars.
◎ 10加元一个，我买10个可以吗？
　 Can you give me ten for 10 Canadian Dollars per one?

销售用语	**价格很公道啊。 The price is quite reasonable.**

◎ 如果您多买一点儿，我们可以给您更优惠的价格。
　 We can offer you a better price if you buy more.
◎ 您愿意出多少钱？ How much are you willing to pay?
◎ 我们这里不讲价。 The prices in our store are fixed.
◎ 价钱决定于质量。 The price depends on the quality.
◎ 抱歉，不能便宜。 I'm sorry. I can't lower the price.

☆ **询问特价**

| A: 这些衣服打特价吗？ | B: 不打特价，这些是新品。 |

A: Are these clothes on sale?

B: I'm afraid not. These are new arrivals.

☆ **打八折**

| A: 打8折怎么样？ | B: 如果你买两件的话就可以。 |

A: How about 20% off?

B: I'll give you if you buy two.

☆ **便宜点**

| A: 您能不能给我打个折？ |
| B: 恐怕不行。如果你愿意，我可以给你看看其他便宜一些的衬衫。 |

A: Could you give me a discount?

B: I'm afraid I can't. I can show you some other shirts that are more affordable if you'd like.

☆ **多买优惠**

| A: 对这些牛仔裤来说，这个价钱还不错。要是我不止买一条呢？ |
| B: 如果您多买几条，我们可以给您更优惠的价格。 |

A: That's a pretty good price for these jeans. What if I buy more than one?

B: We can offer you a better price if you buy more.

☆ **现金优惠**

| A: 我付现金的话，你能便宜吗？ | B: 您愿意出多少钱？ |

A: Do you give discounts for cash purchases?

B: How much are you willing to pay?

☆ **不能讲价**

| A: 能便宜些吗？ | B: 我们这里不讲价。 |

A: Can you give me a better deal?

B: The prices in our store are fixed.

化妆品

cosmetics 化妆品	mascara 睫毛膏	eye shadow 眼影
lotion 乳液	cream 面霜	gel 凝胶
facial mask 面膜	serum 精华液	moisturizer 保湿用品
concealer 遮瑕膏	nail polish 指甲油	foundation 粉底
primer 妆前乳	blush 腮红	make-up base 隔离霜
lip gloss 唇蜜	lipstick 口红	eye gel 眼胶
scent 香味	light 味道淡的	loose powder 蜜粉
perfume 香水	cologne 古龙水	strong 味道浓的
top note 前味	middle note 中味	base note 后味
floral scent 花香调	citrus scent 柑橘调	woody scent 木质调

化妆工具

brush 刷子	eyeliner 眼线笔	eyebrow pencil 眉笔
lipbrush 唇刷	lash curler 睫毛夹	puff 粉扑

肤　质

oily skin 油性皮肤	dry skin 干性皮肤
sensitive skin 敏感性皮肤	acne 痘痘
blackhead 鼻头粉刺，黑头	combination skin 混合性皮肤

Scene ④
结账付款

遇到喜欢的东西，是不是商家给不给便宜都想马上拿下呢？接下来就到结账付款的环节了，大家一起来学学这些实用句式吧。

>> 场景救命句

救命句1： 我可以用信用卡付款吗？

英文：Could I pay it by credit card?

谐音：苦的 爱 配 椅特 败 可瑞迪特 卡的?

在结账付款时，如果发现现金不够，可以用中国的银联卡到加拿大的任何一个CIBC银行的ATM取款。

救命句2： 收银台在哪儿?

英文：Where's the cashier?

谐音：歪儿 兹 则 开希尔?

付款　**我要这个。I'll take this.**

◎ 我该付多少钱? How much do I have to pay?

◎ 含税了吗? Does it include tax?

◎ 收款台在哪儿? Where is the cashier?

◎ 您用现金还是信用卡付账? Will you be paying by cash or credit card?

◎ 你们收旅行支票吗? Do you accept traveler's checks?

包装
及递
送　**你能分开包装吗? Can you wrap these separately?**

◎ 能给我个纸袋吗? Can I have a paper bag?

◎ 你能把它送到希尔顿酒店吗?
Could you deliver it to Hilton hotel?

◎ 你能送到中国的这个地址吗?
Could you send it to my address in China?

◎ 空运多久能到中国?
How long does it take to reach China by air mail?

关于
退税　**能给我张退税表吗? May I have the form for tax refund?**

◎ 我过海关会遇到困难吗?
Will I have any difficulties with customs?

退换
商品　**我想是这坏了。I think this is broken here.**

◎ 你能修好它或是退款给我吗?
Could you fix it or give me a refund?

◎ 这有个污点。I found a stain here.

◎ 能换个新的吗? Could you change it for a new one?

◎ 我想退掉它。I'd like to return this.

◎ 能退给我钱吗? Can I have a refund?

货币
兑换　**要什么面值的? In what denominations?**

◎ 请告诉我你要换多少。
Please tell me how much you want to change.

◎ 要换哪种货币?
What kind of currency do you want to change?

◎ 我想把这张纸币换成硬币。I'd like some coins for this note.

◎ 给我一些小额钱币好吗? Could you give me some small notes?

☆ 付款金额

A: 我要3个这样的。	B: 好的，女士，总共是60加元。

A: I'd like three same as this.
B: Yes madam, your total today is 60 Canadian Dollars.

☆ 信用卡付款

A: 我现金不够，我可以用信用卡付款吗?	B: 当然可以。

A: I don't have enough cash left. Could I pay it by credit card?
B: Sure, of course!

☆ 可否使用旅行支票

A: 你们收旅行支票吗?	B: 抱歉，我们不收，我们只收现金或信用卡。

A: Do you accept traveler's checks?
B: I'm sorry. We don't. We accept cash or credit cards only.

☆ 退货

A: 我想退这双鞋。	B: 你有收据吗?

A: I would like to return this pair of shoes.
B: Do you have a sales slip?

☆ 信用卡被拒

A: 我的信用卡被拒绝付款?	B: 是的，先生。

A: My credit card has been rejected?
B: Yes, sir.

☆ 关于零钱

A: 你有零钱吗?	B: 我有张20加元的。

A: Do you have any small change?
B: I think I may have a 20.

☆ 算错账单

A: 不好意思，账单好像算错了。	B: 我再检查一遍。

A: Excuse me, the bill is wrongly added.
B: I'll double check it.

优惠活动

on sale 特价销售/大减价　　discount 打折　　bargain 便宜货/讲价
special offer 特别优惠　　buy one get one free 买一赠一
voucher/coupon 优惠券　　clearance sale 清仓大甩卖

结　账

cashier 收款台　　cash register 收款机　　traveler's check 旅行支票
cash 现金　　pay by card 用卡付款　　pay in cash 现金付款
receipt 收据　　credit card 信用卡　　credit card register 刷卡机
bar code 条形码　　debit card 借记卡　　price tag 价格标签
Master Card 万事达卡　　cash only lane 只收现金的付账通道

售后服务

customer service 顾客服务　　complaint 投诉
exchange 货物调换　　return/refund 退货/退款

货币兑换

currency/money 货币　　money changing 货币兑换
an exchange form 兑换单　　bank note 钞票
note of large denomination 大票　　interest rate 利率
note of small denomination 小票　　small change 零钱

麻烦多多

Chapter

8

Scene ①
遗失及失窃

在国外会发生很多我们不想发生的事情，丢东西就是最不想发生的，比如机场或路途中行李丢失、失窃等，会给我们的旅行带来很多麻烦。因此，掌握一些应对突发事件的用语十分必要。

⟫⟫ 场景救命句

救命句1： 我的钱包被偷了.

英文：My purse was stolen.
谐音：卖 颇死 卧姿 死都冷。

小贴士　　旅途中如遇到偷窃，要打加拿大的报警电话911。

救命句2： 失物招领处在哪?

英文：Where is the lost-and-found?
谐音：歪儿 椅子 则 劳斯特安的放的?

行李遗失	**我找不到我的行李了。I can't find my baggage.**

◎ 它是一个茶色的小旅行袋。
It's a small overnight bag. It's light brown.

◎ 我们正在调查，请稍等一下。
Please wait for a moment while we are investigating.

◎ 这是我的行李票。Here is my claim tag.

◎ 是否可紧急查询？Could you please check it urgently?

◎ 多快可以找到？How soon will I find out?

◎ 你总共遗失了几件行李？
How many pieces of baggage have you lost?

◎ 一旦找到行李，请立即送到我住的饭店。
Please deliver the baggage to my hotel as soon as you've located it.

◎ 若今天无法找到行李，你将如何帮助我？
How can you help me if you can't find my baggage today?

◎ 它是一个上面系有我名牌的大型皮制深蓝色行李箱。
It is a large leather suitcase with my name tag. It's dark blue.

丢失物品	**我的信用卡丢了。I lost my credit card.**

◎ 我把钱包忘在出租车上了。I left my bag in the taxi.

◎ 当我离开的时候发现我的首饰不见了。
My pendant was stolen while I was away from my room.

◎ 你在这看见包了吗？Did you see a bag here?

◎ 失物招领处在哪？Where is the lost-and-found?

◎ 我把包放在这了，但是我回来时不见了。
I left my bag here but it was gone when I came back.

◎ 我的护照丢了。I've lost my passport.

物品被盗	**我的钱包被偷了。My purse was stolen.**

◎ 我的钱包叫扒手偷了。My wallet was taken by a pickpocket.

◎ 警察局在哪？Where is the police station?

◎ 能给我找个中文员工吗？
Could you call for a Chinese speaking staff?

◎ 能给我这起偷盗事件开份证明吗？
Could you make out a certificate of the theft?

1 物品丢失

| A: 下午好。先生，我能为您做些什么吗？ |
| B: 当我离开房间的时候，我的首饰不见了。 |

A: Good afternoon, sir. Is there anything I can do for you?

B: Yes, my pendant was stolen while I was away from my room.

2 出什么事了

| A: 出什么事了？ | B: 我的钱包叫扒手偷了。 |

A: What's the matter?

B: My wallet was taken by a pickpocket.

3 包被偷了

| A: 你没带身份证？ | B: 没有，我的包被偷了。 |

A: You don't have any ID with you?

B: No, my bag was stolen.

4 报案

| A: 我要报失窃。 | B: 什么被偷了？ |

A: I have a theft to report.

B: What was stolen?

5 报警

| A: 我该告诉谁？ | B: 或许该报警吧。 |

A: Who should I report it to?

B: The police, probably.

6 失物招领处

| A: 失物招领处在哪里？ | B: 就在这儿。 |

A: Where is the Lost and Found?

B: Right here.

7 询问丢失物品

| A: 什么颜色的包？ | B: 白色的。 |

A: What's the color of the bag?

B: A white one.

行李箱包

carry-on bag 随身携带的包　　　　　suitcase 衣箱

hand-baggage 手提行李(较小)　　　　briefcase 公文包

hand-carried luggage 手提行李(较大)　handbag 手提包

rucksack 背包(美式)

随身物品

purse 钱包　　　credit card 信用卡　　papers/documents 证件

passport 护照　　cheque 支票　　　　identity card 身份证

key 钥匙　　　　camera 照相机

事故用语

police 警察　　police car 警车　　report 报案　　　　pickpocket 扒手

wallet 皮夹　　thief 小偷　　　　confiscate 没收　　prison 监狱

harass 骚扰　　steal 偷　　　　attack/mugging 袭击

Lost and Found 失物招领处　　break into/open 闯入/撬开

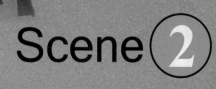

Scene ②

突发事件

旅行中我们难免会遇到一些突发事件，生病了怎么办？遇到交通事故如何处理？本单元就来告诉您。

≫ 场景救命句

救命句1： 救命！

英文：Help!

谐音：害欧破！

旅途中遇到紧急事件，如果是跟团，要第一时间告诉导游，他会帮你解决；如果是个人游，一定要镇静，然后想办法求救。需要注意的是：加拿大的911不只代表火警、救护车、报警，它包括所有紧急情况下所需要的帮助。

救命句2： 叫警察！

英文：Call the police!

谐音：靠 则 破里斯！

紧急呼救	**来人呀！Somebody!**
	◎ 我被关在电梯里出不去了。 I am stuck in the elevator and cannot get out.
	◎ 十万火急！It's an emergency!
	◎ 快叫大夫！Get a doctor!
	◎ 救命啊！Help!

交通事故	**发生了一起交通事故。An accident has happened.**
	◎ 在91号公路。It's on route 91.
	◎ 请快点。Please hurry.
	◎ 我被车撞啦！I was hit by a car.

身体受伤	**能带我去医院吗？Could you take me to a hospital?**
	◎ 请给我急救。Please give me first aid.
	◎ 我是A型血。My blood type is A.
	◎ 我这儿疼。I have a pain here.
	◎ 我扭了脚踝。I sprained my ankle.
	◎ 我感觉好多了。I feel much better.

看病	**请叫医生。Please call a doctor.**
	◎ 这附近有医院吗？Is there a hospital near here?
	◎ 我朋友伤得很重。My friend is seriously injured.
	◎ 我能要个医院证明吗？Can I have a medical certificate?
	◎ 你正在接受什么治疗？What kind of treatment are you receiving?

诊断及治疗	**多长时间才能好转？How long does it take to get well?**
	◎ 我应该吃些什么？What should I eat?
	◎ 哪里疼？Where does it hurt?
	◎ 是什么样的疼痛？What kind of pain is it?
	◎ 这样的感觉有多久了？ How long have you been feeling as you do now?
	◎ 我一天要吃几次？How many times a day should I take it?
	◎ 怎么吃啊？How should I take this?

1 ☆ 发生事故

| A: 发生了一起交通事故！ | B: 在哪？ | A: 在91号公路。 |

A: An accident has happened.
B: Where?
A: It's on route 91.

2 ☆ 头疼头昏

| A: 我觉得很不舒服，头疼而且有些头晕。 | B: 别担心，让我看看。 |

A: I am not feeling well. I have a headache and feel a little bit dizzy.
B: No worries, let me have a look.

3 ☆ 胃疼

| A: 你好，我的胃隐隐作痛。 | B: 你今天吃什么了吗？ |

A: Hi, I have a dull pain with my stomach.
B: Did you eat anything today?

4 ☆ 诊断

| A: 这种症状持续多长时间了？ | B: 大约一周。 |

A: How long have you had this symptom for?
B: About a week.

5 ☆ 药品信息

| A: 给你药，这是内服的，一次两片，一天三次。 | B: 好的，非常感谢。 |

A: Here you are, this is for internal use. Two tablets, three times a day.
B: OK, thank you very much.

6 ☆ 服药叮嘱

| A: 请在饭前服药，一天三次。 | B: 好的，非常感谢。 |

A: Please take it before meals, three times a day.
B: OK, thanks a lot.

7 ☆ 钥匙丢失

| A: 我的钥匙丢了，你能帮我吗？ | B: 当然，我把备用的钥匙给你拿来。 |

A: I lost my key. Can you help me?
B: Sure, I'll bring my spare key and come over.

药品

medicine 药	pharmacy 药店	pill 药片
painkiller 止疼药	fever reducer 退烧药	aspirin 阿司匹林
prescription 药方	cough syrup 止咳糖浆	cold tablet 感冒片
eye drops 滴眼液	ointment 药膏	

治疗用品

plaster 橡皮膏	cotton-wool 药棉
thermometer 体温表	elastic bandage 松紧绷带
gauze bandage 纱布	

服用方法

20 drops 20 滴　　1 tablet 一片　　external/outward 外用的

after meals 饭后　　before meals 饭前　　on an empty stomach 空腹

let it melt in your mouth 含服　　1 measuring cup 一量杯

swallow whole with a drink of water 用水吞服

症状

symptom 症状	stomachache 胃痛	sick 生病
diarrhea 拉肚子	fever 发烧	toothache 牙疼
dull 隐隐的	dizzy 头晕	headache 头疼
sharp 非常剧烈的	pain 疼痛	temperature 温度
cold 感冒	cough 咳嗽	itchy 痒
sprain 扭伤	infection 感染	blood pressure 血压

附录 中国驻加拿大各使领馆联系方式

1、中国驻加拿大使馆

地址：515 St. Patrick Street

Ottawa Ontario, Canada K1N 5H3

电话：1-613-7893434

传真：1-613-7893514

电子邮箱：cooffice@buildlink.com

2、中国驻多伦多总领馆

地址：240 St. George Street

Toronto Ontario, Canada M5R 2P4

电话：1-416-9647260

传真：1-416-3246468

3、中国驻温哥华总领馆

地址：3380 Granville Street

Vancouver British Columbia, Canada V6H 3K3

电话：1-604-7365188

传真：1-604-7364343

电子邮箱：jyjiang@infoservice.net

4、中国驻卡尔加里总领馆

地址：Suite100, 1011 6th Avenue, S.W

Calgary Alberta, Canada T2P 0W1

电话：1-403-2643322

传真：1-403-2646656

本书在编写过程中引用了大量的景点图片，这些图片有些是编者及其朋友旅行时的实景拍摄，有些是公版照片，还有一些是来自于网络摄影爱好者的作品，所有照片来源均在图片上标明。在此，我们向所有照片提供者表示感谢！如发现署名有误或涉及版权，请及时与我们取得联系，我们将遵原创者之意合理解决图片使用问题。